AF245646

TRAICTÉ CONTRE LES DVELS.

Auec l'Edict de Philippes le Bel, de l'an
M.CCC.VI. non encores imprimé.

PAR MAISTRE IEAN SAVARON
sieur de Villars, Conseiller du Roy, President, &
Lieutenant General en la Seneschaussée d'Au-
uergne, & siege Presidial à Clairmont.

AV ROY TRES-CHRESTIEN.

Le fier sanglier (c'est à dire le Duel) a gasté la vigne
de Dieu : Pseaume 79. vers. 14.

A PARIS,
Chez ADRIAN PERIER, ruë
S. Iaques, au Compas.
M. D. C. X.
Auec Priuilege du Roy.

[illegible]

AV ROY

TRES-CHRESTIEN
LOVYS XIII.

SIRE,

Constantin le Grand ayant abrogé l'vsage des Duels , eut à demesler guerres mortelles auec Li-
cinius, auec les Sarmates , & les
Gots, que le malin esprit luy mit
en teste. Honorius veid redou-
bler les efforts de cest ennemy,

ã ij

qui luy apporta guerres & querelles, pour auoir arresté le sang
des gladiateurs & des combattans
en Duel. Sainct Almachius resen-
tit les seditions des peuples qui
luy coururent sus, & luy firent
perdre la vie, pour auoir declamé
contre les Duels, s'estre mis entre
les gladiateurs, & les auoir sepa-
rez. S. Louys (afin que les exemples domestiques de la France af-
fermissent dauantage ceste verité) a tousiours eu Duel auec le
mesme ennemy, qui l'assailloit
de toutes parts, luy dressoit mille
aguets pour abreger ses iours, &
par sa mort faire reuiure les Duels,
qu'il auoit faict mourir par ses E-
dicts. Philippe le Bel son petit fils,
à l'exemple de son ayeul ayant
absolument defendu les Duels,

fuſt auſſi toſt accablé de guerres
ciuiles & eſtrangeres qui le for-
cerent d'attremper ſa defenſe,&
tollerer les Duels en certains cas.
HENRY le Grand, voſtre pe-
re, de treſ-heureuſe memoire, a
aboli ées ſacrifices ſanglans qu'on
faiſoit iournellement au Diable
par les combats ſinguliers; ce malin a armé le bras d'vn parrici-
de endiablé, pour faire ce que
ie n'oſe repreſenter à V. M.
craignant le malheur arriué à
Louys de Bourbon, qui fondit en
larmes, & mourut de regret à
Pouzol, voyant le ſepulchre de
ſon pere. Mais en fin, S I R E, les
efforts des mauuais Demós n'ont
eſté ſi forts que ces Monarques
aſſiſtez de la grace de Dieu, qui
ſont ſortis à honneur de leur en-

treprise, ont subiugué leurs ennemis visibles & inuisibles, & par la
victoire auctorisé la defense du
Duel , Et sainct Almachius en
mourant pour auoir faict mourir
le Duel a emporté le nom de Telemachus. VOSTRE MAIESTE´ a
resenti pareilles benedictions, car
cest ennemy qui croyoit en atter-
rãt ce Grãd Roy atterrer & enter-
rer la Frãce esleuée au feste de toute felicité, s'est veu bien loing de
cõpte, cest Estat demeurãt affer-
my, tous les ordres retenus en leur
deuoir, recognoissans la Majesté
de son digne successeur, heritier
de ses couronnes & de ses vertus,
qui fera obseruer inuiolablemét
ce sainct & fructueux Edict, & que
vn si grand bien demeurera à iamais graué en l'ame des François,

Av Roy.

nme la memoire de l'Au-
theur : à la Maiesté duquel i'auoy
voüé ce discours que ie dedie à la
voſtre (en laiſſant neantmoings
ce teſmoignage de mon premier
vœu) & là ſupplie tres-humble-
ment de l'auoir agreable, venant
de celuy qui eſt

Sire,

De V.M. le plus que tres-humble, tres-obeyſ-
ſant, & tres-fidele ſeruiteur & ſubiect Iean
Savaron, Preſident & Lieutenant General en la Seneſchauſſee d'Auuergne
& ſiege Preſidial de Clairmont.

A iiij

AV ROY

TRES-CHRESTIEN
HENRY IIII.

IRE,

Alcon estonné de veoir le corps de
son fils endormi, ceint & entortillé
d'vn gros serpent qui l'halenant luy
sucquetoit la bouche sur le poinct de
l'estouffer, se resoult promptement
par vn coup hardy, de donner la vie
à l'vn, & la mort à l'autre, suspens

entre l'espoir & la crainte, d'vn cœur tremblotant, & d'vne main asseurée lance le dard si dextrement entre deux, qu'il tue le serpent sans offenser son fils. Vostre Majesté pere commun & debonnaire de son Royaume son cher fils, esbahie de le veoir assopi par le doux poison du poinct d'honneur, ce pendant que le Dragon infernal luy tiroit l'ame du corps, & humoit le sang le plus genereux & espuré de vos sujets tout prest de l'esgorger, prend vne viue & meure resolution auec la Royne, les Princes & principaux Officiers de sa Couronne, comme vn braue Archer & vn autre Alcon de tirer vn coup de Maistre d'vne telle adresse, que sans blesser l'honneur qui est plus cher à ses subiects que la vie, sauue la vie aux corps & aux

ames, & tue le Dragon par le traict
de son Edict accomply de tous
poincts : Et d'autant qu'il y a rapport de cest Edict à celuy de Philippe le Bel , qui prescrit les
cas , esquels le Duel est permis;
les formes de la demande de l'appellant, & de la defense de l'appellé;
des sermens, du gaige de bataille; de
la longueur & largeur des lices ; de
l'assiete des pauillons; du cry du heraut; des protestations que les parties
doiuent faire à l'entrée du champ
clos ; de l'entrée au champ clos les
combattans armez de toutes pieces;
du signe de la Croix en leurs
mains gauches les visieres baissees;
des trois sermens solemnels sur la
Croix , & le Canon de la Saincte
Messe entre les mains du Prestre
& du Iuge, & de leurs enhortemés;

des trois cris des Herauts; de la voix
du Mareschal; du iet du gan, & du
bafton; du defpart du veinqueur ; de
la defpouille du veincu. I'ay creu,
SIRE, ces formes eftre dignes de memoire, puis qu'elles ont efté pratti-
quées auant le desbordement des
Duels, & au temps que les Roys vos
predeceffeurs de louable memoire les
permettoient auec ces formes pour
alentir la fougue de ceux qui fe laif-
fent emporter à cefte rage, pour bar-
rer les veines & eftancher le fang le
plus pur & ingenu de tout le monde,
la perte duquel affoibliffoit le corps
de voftre Royaume, & par confe-
quent de toute la Chreftienté (de laquelle il eft le fouftien & la colomne)
en alterant la partie la plus noble,
& la plus fenfible, comme eftant le
nerf de l'Eftat. Nous reffentons defia

HENRY IIII.

les benedictions que le Ciel a versé
sur vostre Majesté & elle sur la
France, & cest Estat plus stable &
mieux affermi, & deuons meritoi-
rement donner à vostre Majesté
Auguste, le tiltre de Pere commun,
& couronner son chef ja entouré de
mille lauriers, d'vn nombre sans
nombre, de couronnes de chesne, telles que les Romains les donnoient
aux grands personnages qui auoient
sauué leurs concitoyens. Vostre Majesté, SIRE, a vaincu ses ennemis
par la valeur de ses armes, ou les a
ramenez par la raison, a asseuré la
paix au milieu, & en tous les cantons de son Royaume, la plus pro-
fonde & generale que l'on vid iamais, & qui n'en peut partir que
par le commandement mesme de vostre Majesté, qui sçait faire la guer-

re pour affermir la paix. Mais l'in-
humaine & sanglante guerre des
Duels faisoit rougir la candeur de
vos lis, & flestrissoit l'honneur de
vos victoires, iusques à ce qu'elle a
tesmoigné sçauoir veincre en temps
de paix, & asseruir les armes sous
l'Empire des loix, voire triompher
de la paix & de la guerre: à la memoire eternelle de ses victoires ie
consacre ce discours des Duels, &
public l'Edict de Philippe le Bel petit fils de S. Louys soubs les auspices
de vostre Majeste, heureux surgeon
de ceste sacree tige qui luy succede, en
rang & aux deux couronnes, & le
deuance en tout, comme n'ayant vostre Majesté ny deuancier, ny pair,
ny second. A qui sçauroit-on mieux
à propos dedier vn ouurage de Roy
qu'au Roy mesme? & l'ordonnance

HENRY IIII.

des Duels qu'à voſtre Majeſté qui
en a dreſſé vne ſi ſainĉte ſur ce ſub-
iéĉt, & la mieux obſeruée ? Dieu
vous doint autant d'annees, & apres
de beatitudes que vous aueƷ garenti
d'hommes de la mort, & d'ames de
l'Enfer.

SIRE,

De V.M. le plus que tres-humble, tres-obeyſ-
ſant, & tres-fidele ſeruiteur & ſujet I E A N
SAVARON, Preſident & Lieutenant General en la Seneſchauſſee d'Auuergne
& ſiege Preſidial de Clairmont.

TRAICTE' CONTRE
LES DVELS.

'ESCHOLE des Mathematiciens nous appréd que Mars est l'astre dominant sur la Frāce, ses influē-ces arment & animent nos Fran-çois aux combats, & les signalent des marques de valeur entre toutes les nations du monde. Aussi par la co-gnoissance des astres, en laquelle ils estoient bien versez, l'ayans ainsi re-cogneu ils ont honnoré Mars. com-me leur souuerain, luy ont rendu plus de culte qu'à nul autre des Dieux, d'où vient que le Iurisconsulte VI-pian luy donne le tiltre de MARS GAVLOIS par vn priuilege special; on luy dressoit des temples par tout; on luy esleuoit des trophees, & su-

Ptolomaeus l. 2. c. 3. E-phemerid. & Tabula Mathemat.

Plinius l. 30 c. 1 hist. au-gurandi stu-dio Galli praeter ca-teros callent, Iustin. 24. Am. Mar-cellin. l. 15. Caesar l. 6. c. 4. C. Taci-tus 3. hist. Tertull. con-tra Gnostic. lib. Regular. Vlpianus tit. qui haeredes institui pos-sint. Caesar. l. 6. Plutarque

A

de la super-
stition, & en
la vie de Iu-
les Cæsar.
Florus.2.4.
Hist.S. Za-
chariæ Episc.
Vienna c.9
Cæsar ibid.

Vlpianus lib.
Regul. qui
hæred inst.
poss.§.6.

Strabo.l.4.
Iustin.24.
Plinius 16.
cap.vlt.
Greg.Tur.l.
5.c 28.Ioan.
Gallusquest.
86.
Greg.Tur.
2.27.
Child. Rex
in decretis §.
4.Grandes
Chroniques.
Thoromac.l.
6.Chron.

spendoit les despouilles des ennemis;on appendoit des presens d'or &
d'argent,& des anathemes ; ceux qui
hantoient les combats luy immoloient des hommes, ou faisoient vœu
d'en immoler; on luy dedioit ce que
on auoit pris à la guerre, & luy sacri-
fioit-on les bestiaux choisis, le reste
du butin on le mettoit en tas & mô-
ceaux en des lieux sacrez,& nul n'o-
soit rien reseruer de ce qu'il auoit bu-
tiné,ny mettre la main sur ce qui luy
estoit consacré sur peine tref-griefue;
on l'instituoit heritier, & telles insti-
tutions estoient valables, suiuant les
arrests du Senat, & Edicts des Empereurs:& d'autant que les Gaules e-
stoient peuplées d'hommes vaillans
& genereux,l'on despeschoit au mois
de Mars,soubs la conduite de quelques bons Capitaines,la ieunesse d'é-
lite aux conquestes des Royaumes
& des Prouinces estrangeres ; on
commençoit l'année à la lune de
Mars ; l'on tenoit les Estats Generaux le premier iour de ce mois en
vn lieu appellé Camp Martial, où
tous les gens de guerre de pié & de

cheual, s'assembloient, & faisoient
monstre armez à l'aduantage, là on
traittoit des affaires d'Estat & de la
guerre; on luy dedioit les petits enfans le neufiesme iour apres leur naif-
fance; au sacre des villes fortes & in-
expugnables on leur imposoit pour
bon augure le nom de Mars; les plus
grandes maisons releuoient de Mars,
& en portoient le nom pour l'auoir
merité par quelque acte belliqueux
& insigne, comme celles de Martij,
Martiani, Marcelli, Mammerci,
Mammertini, Mauortij, Marcuardi,
Marcellini, Marculphi, Martiales; les
hommes preux & Martiaux qui a-
uoient bien merité du public par
quelque beau faict de guerre, estoient
honnorez de ce tiltre de Vvessi ou
Vassi qui vient du dieu Mars appellé
Hessus, Vvessus ou Vassus en langue
Gauloise, les armes de nos Gaulois
Vvessa ou Gessa, nos soldats Vvessati,
les temples vouez à Mars Vvasso, les
villes & chasteaux Vesunna, Vasates,
Vassio, Vassi, Vessones, Vssones, les
vaillans Gentilshommes, retiennent
le nom de Vassaux, les Turcs de Bas-

S. Gregor.
Tur. 2. 29
Lex Salica
tit. 26

Alpbius, &
Exc. Festus
Hist. Sanct.
Posidon &
Plutarcus in
Marcello.

Seruius Æ-
neid. 7.

Lucanus l. 1

Nonius c. 18,
Notitia Im-
perij,
Plutarque
en la vie de
Marcellus.

S. Greg. Tur.
l. 1 c. 32. hist
P. Pithou
des Côtes de
Champagne

A ij

*Obertus l. 2.
de feudis
tit. 10*

*Pausanias l.
10. lex Ala-
mannor. tit.
70 & 71
Baier. Lon-
gobard. tit.
xj. & 114.
Nicetas
Chonatas.
Altamer de
morib. Ger-
manorum.*

*San-Gallen-
sis l. 2.
Guillel. Ma-
lesberiensis,
& Vet.
charta.
Fauchet des
armes.
Leg. c. 7.
num. 4.
Veget. l. 17. c
6 de re milit.*

*Salust. Stra-
bo. 4.
Plutarque
en la vie de
Marcellus.*

sas, & Vasselage, est vn acte de valeur & de magnanimité, ceux ausquels pour marque d'honneur on donnoit les fiefs & benefices sont appellez Vassaux. Les cheuaux d'armes des François estoient appellez Marks, le premier Escuyer Mareschalk, ceux qui commandoient aux gens d'armes Mareschaux, les pays conquis par les armes, Marches, les conquerans, Marquis, les armes de nos François Marcs, d'où deriuent ces noms composez de Brackemars & Iacquemars, & de nos Roys Marcomides, Marcomere, Martels, (ainsi appelle-ton Charles & Charlemagne son petit fils, & Geofrois Comtes d'Anjou) nos instrumens de guerre, Martinés, de mesme que ces machines de Grecs Marsvarbuli, & des Romains Martiobarbuli, tous noms emanez & enoncez de Mars.

Ie laisse à part que les Gaulois ont esté la terreur & l'effroy du peuple Romain, qu'ils ont porté leurs armes victorieuses, & leurs noms en tous les cantons du monde, celà est trop commun, ie le refuy en ce discours,

où ie tasche ramener ce qui est rare &
moins conneu.

Ils estoient si Martiaux & aguerris
dés leur plus tendre ieunesse, que nul
d'entre eux ne fuyoit les combats,
rien de plus frequent ne se rencontre
que les armes & legions Gauloises, *Notitia Im-*
les Saliens Frãçois, les Gaulois Lan- *perij.*
ciers, Sagitaires, Caualliers. L'histoire des Empereurs Grecque & Latine, la Notice des Empires nous en
fournissent assez, au reuers d'vne des
Medalles d'or de Constantin Empe- *Numisma*
reur se trouue graué cest eloge. VIR- *Constan-*
TVS EXERCITVS GALLICANI, *tini M.*
la force de l'exercite Gaulois que la *Claudian.*
France fournissoit à l'Empire, & en *de laudib.*
la Notice est rangee la legion des *Sarenæ.*
Gaulois vainqueurs, ils ne reculoient *Sidoni.*
& ne demarchoient iamais, ils ne ce- *Car. 2.*
doient à personne à pied ny à cheual, *Plutarque*
& c'estoit vne iniure tres-atroce en- *en la vie de*
tre eux d'outrager vn soldat du nom *Marcellus.*
de licure & de fuyart, l'on ne trouuoit *Ælianus de*
parmy eux des poltrons qu'ils appel- *varia hist.*
loient MVRCI, & du poulce tronc- *lib. 12.*
que nostre vulgaire les appelle pol- *Lex Salica*
trons, car nul ne se troncoit le pouce *tit. 33. §. 4.*
note in Si-
doni. e. 7. l. 5
Notæ in Si-
don. e. 2. l. 2

pour se rendre inhabile aux armes, &
s'excuser de la milice ; les vieillars
marchoient aux armées sans excuse
d'aage, ils aymoient mieux mourir
debout l'espée au poing que croupir
cazaniers & moribons dans leurs
licts, ils aymoient mieux decocher
des coups contre leurs ennemis, que
de coucher dans leurs grabats parmy
leurs amis, ils alloient hardiment au
deuant de la mort, & n'attendoient
pas ses attaques, leur valleur accom-
pagnée de fidelité, faisoit dormir les
Empereurs & les Roys estrangers en
seureté, se reposans sur la valleur & fidelité des Fraçois leurs garde-corps:
Claudian les recommande à la po-
sterité auec cest eloge de Fideles : Le
Pape Martin quatriesme loüe en
Charles Roy de Sicile la fidelité
Françoise, ordinairement la valeur
& la fidelité marchent d'vn mesme
pas, tout ainsi que la laschété & la
perfidie marchisent. C'est pourquoy
les François estoient autant valeu-
reux que francs & fideles, l'vn & l'autre paroit en leurs faicts & en leurs
paroles, signamment aux batailles &

Ammian.
Marcell. l. 15

Cæsar, Al-
ciatus de
duello c. 28.

Egesippus l.
1. c. 34.
Xiphilinus
in Nerone
Sulpicius A-
lexander l. 4
histor.

Præfatio le-
gis Salicæ.
Martinus
Polonus in
Martino IV
Nangius in
Chron.

Oppius lib. 1

au combat en duel, qui semble leur Mantuan.
estre propre & particulier, auquel Dionis.lib.2
leur fougue, l'ardeur de courage, &
l'aueuglement de leurs passions les a
portez.

Les raisons que l'on peut ramener
pourquoy les François se battent frã-
chement en duel, sont que l'Astre de Ephemerides
Mars domine sur la France au signe Mathema-
du Bellier, & tout ainsi que les Bel- tice.
liers se tirent à part du troupeau pour
s'entrechoquer, de mesmes les François se mettent à quartier du gros des
armees pour s'entr'estocquer.

L'influence de ce mesme astre a cela de propre selon Prolomée, de ietter
la pomme de discorde entre les plus lib.2.cap.8
proches, & ceux qui sont de mesme
nation, & d'vne mesme gent, aussi
voit-on les François se herseler, &
venir ordinairement aux mains auec
leurs parens, amis, voisins, & autres
leurs plus proches, & alliez.

Ceste celeste influence & inclina-
tion naturelle est cause qu'on leur a Lanctantim
donné le nom de GALLI, sortable ad Probum
à leur humeur guerriere, non de γάλα Hier. lib.2
pour leur blancheur, estant ce mot ad Galatas;

de G A L L I plus ancien, si ceste proprieté estoit de mise, elle conuiendroit mieux à tous les Septentrionaux que particulierement aux Gaulois, mais ce nom est de la premiere imposition donné au coq deslors de sa creation. C'est pourquoy les Hebreux l'appellent Tharnegol, l'ancien Gaulois, Gal, & Ghau, encores auiourd'huy les Auuergnats, Gascons, & autres : or comme le coq est vn animal courageux & guerrier, qui tousiours combat en duel, le rapport & sympatie du coq à l'humeur des Gaulois, a faict qu'on leur a donné le nom de Galli pour la mesme raison que l'on la donne premierement au coq, conuenable à son naturel, d'où vient que les mesmes Hebreux luy donnent le nom de Gener, c'est à dire fort & magnanime, il guerroye tousiours, il attaque le Lyon, il luy donne la fuite ; De mesme nos Gaulois ne degenerans, & ne dementans ce nom magnanime, combien de fois ont-ils chassé les Lyons d'Angleterre par la valleur de leurs armes, & courages inuincibles ? Quelques

Ammian. Marcellin. l.15.
Ioan. Salisber. Policrat. l.6.c.17.
Mantuanus Dionysij. l.2
Chaldæus, psal. 49. & 79. Sanctes Pagninus.

Aristot. de natura animal. Plini. Petron. Plutarque, D.A.

Esaie. 22

Plinius, D. Ambros. Hexæon.6. c.4.

uos ont dict plaisamment les Espa-
gnols aualler tant de moyeux d'œufs,
& deuorer les poussins bouillis & ro-
stis le plus souuent sans lard, de crainte qu'ils ont que les œufs ne esclo-
sent en poussins, & que les poussins
ne deuiennent Gallos (ainsi appellent ils les coqs) tant ce nom leur
est effroyable, & les armes des Gaulois redoutables, soubs lesquelles ils
ont ployé. C'est donc plus à propos
de croire qu'on leur a donné le nom
de Galli, comme celuy de *Celtæ* &
de *Franci* pour leur magnanimité
né auec eux, que pour l'accident de
blancheur qui ne se rencontre en la
pluspart des Gaulois.

Aussi ce grand Roy des Hebreux
le Prophete Dauid premier champion qui est entré en combat singulier preuoyant leur humeur guerriere
portée au duel, a ietté sur eux le sort
du duel caché sous les mysteres de
son pseaume soixante dixneuf, qu'aucuns des Rabins & Docteurs inter-
pretent des liz des François, le Chal-
dée du coq sauuage qui touche le ciel
de sa creste, & la terre des pieds, où le

Vet. Epigr.

*A. C. 778
Contractus
Turpinus &
Anonymus
de gestis Ca-
roli Mag.
Goldastus in
Vuinsbergiū.
Iuo Carnot.
Ado Vienn.
& Rober-
tus Altissiod.
in Chron.*

1. Reg. c. 16.

*psal 79. v. 14
Rabini &
Genebrar-
dus in ps. 79
Chald. hic
& ps. 49. v. 2*

*Vigenere en
sa paraphra-
se*
combat singulier est adombré par
vne complaincte formée soubs l'alle-
gorie d'vne vigne gastee par le sanglier, car le mot François de sanglier
*Cuiacius de
feud. li. tit. 1*
vient du Latin *singularis*, ainsi nómé
pource qu'il attaque son ennemy en
combat singulier, & c'est le sanglier
hyeroglyphique du duel sortant hors
du bois qui a le plus rongé, broutté,
& dissippé les seps & reiettons de la
vigne de Dieu en France, où le duel
a foulé l'Eglise plus griefuement que
nul autre fleau qu'elle ayt iamais sen-
ty, c'est pourquoy Sophocle a com-
*In Glos. vet.
singularis.*
Μορδμαχος,
Αμγενεσος.
*Cæsar. 5. c 4
Mela. l. 3. c. 2
Valer. l. 2. c.
1. Marcell. 15*
paré Mars à vn sanglier furieux rom-
pant tout, & Philoxene donne le
nom de sanglier à vn combattant en
duel.

La creance de l'immortalité de l'a-
me, & que ceux qui mouroient cou-
rageusement aux combats estoient
bien heureux, que leur memoire e-
stoit grauee au temple de l'immorta-
*Festus, Æ-
lianus. l. 12.*
lité, chantée & rechantée par leurs
Bardi, les faisoit ainsi courir aux
duels & combats sans retenue ny apprehension de la mort.

La raison des naturalistes, est, que

les François sont pleins de sang, & par consequent de chaleur qui les rend prompts à se battre, & les emporte à trauers des armées, au plus espais des coups, & aux duels, qu'ils affectent sans espargner leurs vies.

Le mespris de la mort, & ce cœur magnanime leur est donné d'en-haut, leur naturel les pousse. Ils tiennent cela de leurs peres par droit successif, & heritent à la valeur des premiers Gaulois qui ne regardoient que le Ciel, & n'apprehendoient rien que sa cheute.

La loy Salique née dés les auspices de nostre Monarchie faict foy, que le combat en duel a esté receu & auctorisé en France, en ce qu'elle permet que le vainqueur en duel puisse mettre la teste de son ennemy vaincu sur vn pieu, & s'il aduenoit que quelqu'vn l'ostat sans permission du Iuge ou du vainqueur qui l'auoit mise, elle condamne à l'amende de quinze sus Saliens.

La loy Gombette en secondant la loy Salique a embrasé les duels par toute la France, & a esté embrassée

Vitruuius l. 6. c. 1.

Louys IX. en son Rosier des guerres

Lex Salica tit. 69

s. Agobardus ad Ludouic. Imp.

des François enclins aux duels, bien qu'ils ne fussent subiects aux loix de Gondebaud Roy des Bourguignős, autheur de la loy Gombette depuis receue & approuuee par les loix de Charlemagne, & Louys le Debonnaire.

Les François viuent dans l'elemét de l'honneur qu'ils tiennent plus cher que leur vie pour peu qu'on l'esbresche ou qu'on y touche, ils le reparent au prix de leur sang qu'ils respandent librement iusques à la derniere goutte pour ne suruiure à la perte de leur honneur. C'est ce que rapporte le sire Ioinuille du Roy S. Louys qui l'enhortoit d'estre retenu en paroles, & de n'en proferer qui portassent au deshonneur d'autruy, les dementis, les iniures, les outrages s'expioient par le duel; Ceste pratti-que estoit passée en loy & coustume obseruée iusques au regne de Henry deuxiesme.

Leur constante foy que la Iustice vengeresse de Dieu preside aux duels, qu'elle fauorise l'innocent, & desauo-rise le coulpable, que c'est vne preuue certaine & indubitable de la verité, a introduit & authorisé les duels parmy les François.

Voila les principaux mouuemens qui emportent les François aux duels, venons aux exemples tant deuant que apres le Christianisme. On remarque les Gaulois auoir les cœurs hauts & magnanimes, comme tels auoir prouoqué en duel les Romains reputez les plus Marciaux : Briomatus Roy des Gaulois lança son cheual bien loing deuant sa troupe droict à Marcellus en luy criant vn cry de desfiance que c'estoit à luy qu'il en vouloit comme chef des Romains : Titus Manlius Torquatus, M. Val. Coruinus, ont esté appellez en combat singulier par deux Cheualliers Gaulois, & C. Marius par vn Teuton en la guerre contre les Cymbres ; de ces combats singuliers ils tiroient des consequences generales pour les victoires à venir ; entre les gladiateurs le Mirmillon Gaulois armé à la Gauloise, entroit hardiment au combat contre le Retiaire qui taschoit de le coiffer de sa retz, & l'attra-

l. 1. c. 107. Fredericus l. 2. tit. 32. de pugnis sublatis. L'Edict du Roy Philippes 4. sur la fin. *Plutarque en la consolation à Apollonius.* Val. maxim. *l. 3. c. 2. Plutarque en la vie de Marcellus.* T. Liuius l. 38. Florus l. 1 *c. 13. auctor. de vir. illust.*

Tacitus de morib. German.

Festus. Tacit. Quintil.

per, le Mirmillon paroit aux coups,
& en ruoit contre le Retiaire.

Le sainct Baptesme a ceste proprieté entre les autres, de nous regenerer,
& par vne grace infuze de sauuageots
nous rendre francs & affranchis du
peché, de corriger l'humeur peccan-
te, d'arracher la cruauté, d'enter en
nos ames la charité, d'imprimer la
crainte d'vn Dieu pacifique & non
sanglant, les nations plus barbares
nous en rendent sages, qui par le baptesme ont quicté la Barbarie & inhumanité, & se sont affublees d'vne ro-
be d'innocence; mais l'eau du baptesme a teint & non esteint l'ardeur du
courage des François, a laué & non
leué ceste empreinte de Mars, a alan-
ti, & non aneanti leur fougue, d'où
vient que Procope & sainct Enno-
dius Euesque de Pauie nottent les
François d'auoir immolé des hommes apres estre Chrestiens, n'ayant
peu tout à coup se retirer du paganis-
me, & abiurer Mars qui les seigneu-
rioit, en sorte que les Rois mesmes
non subiects aux loix s'assubiectis-
soient à celles du duel, les Roynes,

Paulus ad Galat. 3. D. Hieron. ibid. Ter-tullia.de baptismo.

Theodor.l.1 de legib. Orosius 7. 32. Niceph. 14.40.

l.2. de bello Gothor. In hist.S. Antonij.

les enfans de France, les Princes du
sang & officiers de la Couronne, les
Euesques, Prelats, Prestres, & Religieux, les Escuyers, roturiers, Iuges,
tesmoings, voire mesme les femmes,
ainsi que ie monstreray par ordre a-
pres auoir donné par aduance l'e-
xemple d'Auit nostre Clairmontois
depuis legitime Empereur, lequel
outre d'vn meurtre commis à vn sien
domestique par aucuns de l'armée *Sidonius*
des Huns confederez des Romains *ca.7.*
qui soubs ombre de paix trauersoient
& rauageoient la Limagne d'Auuergne, poussé d'vn iuste courroux, s'ar-
me de toutes pieces, monte sur vn
cheual de combat, se porte à la cam-
pagne, où son domestique auoit esté
tué, desfie le meurtrier, & le plus braue d'entre les Huns, & pendant qu'il
faisoit manier son cheual, & le tenoit
en halayne, vn cheualier Hunnois
bien armé & monté se presente au
combat, & entre en lice:Ils decochét
leurs cheuaux, se battent à la veuë de
l'armée & de la ville de Clairmont.
Auit se comporta si brauement qu'à
la troisiesme passade il outreperse

son ennemy, & s'en reuient vainqueur & vangeur de la mort de son domestique.

Polybius l.2.
Plutarque
en la vie de
Marcellus.

Marcellus appelle à tesmoing Iupiter Feretrien, comme il est le troisiesme qui estant chef d'armée a destruict & occis de sa propre main le Roy Briomaus chef de l'armée des Gaulois ennemis, desquels il luy voüe les plus belles despouilles.

Diodorus de
gestis Ale-
xandri.
Gregor. l.2.
c. 37. Ai-
moin. l.c.21.
Fortunatus

L'on magnifie Alexandre d'auoir combatu en duel Porus Roy des Indiens. Ce Martial & braue guerrier Clouis Roy tres-Chrestié qui a trãsmis & asseuré ce beau titre à tous ses successeurs, côbatit seul à seul le Roy des Goths Alaric, l'abbatist par terre, luy sonda le deffaut des armes & le tua de son espée, encores que deux lanciers Goths le heurtassent viuement pour l'outrepasser & sauuer leur Roy

Grandes
Chroniques
l.c.21.

Alaric atterré. *Le fort Roy Clouis se ferit en la bataille, là où il choisit & aduisa le Roy Alaric ou plus dru de ses gens, il se combatit à luy vaillamment corps à corps, & fust abbatu à terre, le Roy Alaric en dementiers que le Roy Clouis le tenoit soubs luy, & il cherchoit là où il le peust ferir à*
mort,

mort, deux Gothiens le heurterent és
deux costez de leurs glaiues, mais ils ne
le peurent naurer, car la souueraine ver-
tu & le Haubert le garentirent, le Roy
Alaric occit sous luy auant qu'il se remuat
de la place.

Childebert tua de sa main le Roy *Greg. Tur.*
des Goths Amaulri, lors qu'il se vou- *Fauchet.530*
loit refugier dans la franchise d'vne
Eglise de Chrestiens: Clothaire se- *Aimoin. 4.*
cond de ce nom poursuiuit Bertier
Roy des Saxons, le tua & luy coupa
la teste, puis courut tout le pays de Saxe, & l'asseruit sous sa domination.
Charlemagne par son testament fit *Caroli Ma-*
partage de ses Royaumes entre ses en- *gni testamē-*
fans, les borna de limites, leur enioi- *tum, A. C.*
gnant de puissance absoluë & pater- *806.*
nelle de n'y côtreuenir, & sur tout de
n'entrer en different pour raison des
limites, & de n'en venir aux preuues
du Duel, ains de la croix: Godefroy
de Buillon, en combat singulier priua *Campegius*
Arnoul Roy de Saxe, de la vie & de *de Heroib.*
son Royaume: Pierre Roy d'Arra- *Nangius in*
gon pressé par Charles de France *Chron.*
Roy de Sicile, & reduit aux extremi- *Mart. Polo-*
tez, s'aduise doleusement d'esquiuer *nus, &*
reliqui.

B

le peril en seruant d'vn mets au goust
de Charles de France Roy de Sicile,
qui accepta ses offres, de se combatre
corps à corps , ou de cent hommes
contre cent autres, au combat assigné
le premier iour de Iuin 1283. pres de
Bordeaux, lors soubs la protection
du Roy d'Angleterre Edouart qui
en estoit Seigneur, le Roy Charles se
trouua en bon equipage; mais Pierre
Roy d'Arragon fist banqueroute à la
iournee, & à son honneur, le Pape
Martin IIII. confisqua son Royaume à Charles second fils du Roy Philippes le tiers, fist prescher la Croiza-
de par Iehan Cholet Cardinal de
Saincte Sicile , contre ledict Roy
d'Arragon, le Roy se croisa, & auec
luy plusieurs gentils-hommes & roturiers , & pour l'entretenement de
son armee, les decimes furent accor-
dees au Roy. Louys le Gros heritant
à la couronne & à la magnanimité
de ses ancestres, enuoya vn cartel de
desfi au Roy Henry d'Angleterre,
pour auoir manqué de foy, & refusé
de luy rendre hommage, luy en de-
manda reparation en champ clos.

Le grand Roy François feist lire par
Monsieur Robertet l'vn de ses Secre-
taires d'Estat & de sa chambre le cartel qu'il faisoit à l'Empereur Charles
le Quint en la presence de l'Ambassa-
deur d'Espagne que Messire Martin
du Bellay a inseré en ses memoires.

Nous François par la grace de Dieu Roy
de France Seigneur de Genes &c. A vous
Charles par la mesme grace esleu Empe-
reur de Rome & Roy des Espagnes, faisons
sçauoir que nous estans aduertis qu'en
toutes les responses qu'auez faictes à nos
Ambassadeurs & Herauts enuoyez deuers
vous pour le bien de la paix, vous voulant
sans raison excuser nous auez accusé, en
disant qu'auez nostre foy, & que sur icelle,
outre nostre promesse nous en estions allez
& partis de vos mains & de vostre puis-
sance, pour deffendre nostre honneur, lequel
en ce cas seroit trop chargé contre verité,
vous auons bien voulu enuoyer ce cartel,
par lequel (encores que tout homme gardé
ne puisse auoir obligation de foy, & que cela
nous fust excuse assez suffisante, ce nonob-
stant voulant satisfaire à vn chacun, & à
nostredit honneur, lequel nous auons voulu
garder & garderons (si Dieu plaist iusques

à la mort) vous faiſons entendre que ſi vous
nous auez voulu, ou voulez charger non
pas de noſtredicte foy & deliurance ſeulement, mais que iamais nous ayons faict
choſe qu'vn gentil-homme aymãt ſon honneur ne doiue faire. Nous diſons que vous
auez menti par la gorge ; & qu'autant de
fois que vous le direz vous mentirez, e-
ſtant deliberé de defendre noſtre honneur
iuſques au dernier bout de noſtre vie : Parquoy puiſque contre verité vous nous auez
voulu charger, deſormais ne nous eſcriuez
aucune choſe, mais nous aſſeurez le camp,
& nous vous porterons les armes, prote-
ſtans que ſi apres ceſte declaratiõ en autres
lieux vous eſcriuez, ou dictes paroles qui
ſoient contre noſtre honneur, que la honte
du delay du combat ſera voſtre, veu que venant audit combat c'eſt la fin de toutes eſ-
critures. Faict en noſtre bonne ville & ci-
té de Paris le vingthuictieſme iour de
Mars l'an mil cinq cens vingtſept auant
Paſques, ainſi ſigné, François. Ce grand
Roy ne voulut pas ſeulement meſu-
rer ſon eſpee auec celle de l'Empereur Charles le Quint, mais à la chaſſe
s'eſtant deſrobé des Princes, Seigneurs & officiers de ſa Venerie, &

rité à part en vn lieu propre à faire
Duel. Le Comte de Fustemberg (prat-
ticqué par les secrettes menées de
l'Empereur) luy meit le marché dans
la main, toutesfois le Comte seigna
du nez, & esquiua le combat effrayé
de la resolution & valeur de ce grand *Seruinus. V.*
Monarque ; Le Roy à present re- *C in Vin-*
gnant assigna le Duel au feu Duc de *dictis.*
Guise, au fort de sa bonne fortune.

Les Roynes mesmes ont recouru
à la preuue du Duel pour tirer leur
honneur de blasme, qu'elles ont ex-
posé au iugement du combat & four-
ni de champions pour le reuenger.
Iudith femme du Roy Louys le
Debonnaire, accusée d'auoir abusé *Theganus*
de son honneur auec Bernard Prin- *38.*
ce du sang Royal, & filleul de Louys le
Debonnaire, s'en purgea apres que
nul n'osa se presenter en lice contre
Bernard pour luy soustenir cest im-
propere.

Clothaire desiroit faire preuue de
la chasteté de la Royne Theuberge *Nicolaus*
sa femme par l'espreuue du Duel qu'il *PP.e.51.*
luy offroit de l'aduis des Euesques *Hincmarus*
François, en baillant vn châpion cha- *pro Lothario*
contra Tiet-
bergam.

cun de son costé.

Il ne sera point hors de propos de ramener l'exemple de Gondeberge Royne femme de Charoal Roy des Lombards defferee par Adalulfe d'auoir conspiré auec le Duc de Thason la mort du Roy son mari, à cause de quoy elle fust exilee, trois ans apres, à la priere de ses parēts le Roy demeura d'accord auec eux d'en venir au combat, & que la Royne bailleroit vn champion contre Adalulfe, ce qu'elle fist, & fut vn nommé Pitō qui tua Adalulfe, lors le Roy la r'appella & reprit pour sa femme.

Les enfans des Rois & des Reynes ont pareillement couru le hazard des Duels, quād ils accusoient leurs subiects de meurtre ou de trahison, nous auons pour garent Philippes de Beaumanoir Baillif de Clairmōt en Beauuoisis, *Et fils de Roy ne doibt pas cōbatre à son homme por plet de mueble, por catiex ne por heritage, Mes s'il appelloit son homme de murdre ou de traison en tel cas conuienroit il qu'il se combatit à son homme &c.*

D'autant qu'en ce discours ie ne

veux point faire entrer en lice des
combatans en Duel qui ne soient de
haute lice apres les Roys, & les Roynes & enfans de France, ie Roy suiure
les Princes du sang & grãds Seigneurs,
Gautchran Boson enuoyé par le Roy
Chidebert au Roy Gontran lequel
accusant Boson de luy estre traistre
il repartit qu'il estoit permis à sa Majesté seant en son Trosne Royal de
dire sans cõtredit de personne, ce que
bon luy sembloit, mais si son esgal
luy vouloit improperer ces crimes
qu'il estoit prest de se battre en Duel
& s'en purger.

*Greg. Tur.
l. 7. c. 14.
Grandes
Chroniques
fol. 41. a*

Cheundõ Chambellan accusé par
vn forestier d'auoir chassé dãs les bois
du Roy, & le desfiant donna vn sien
neueu pour chãpion contre le forestier, ils firent Duel & s'entretuerent,
car le forestier blessé au pié cheut à
la renuerse, & comme son ennemi
auoit tiré son espee pour luy couper
la teste il luy fourra la siéne dãs le ventre, de sorte que tous deux moururét
sur le champ du combat.

*Greger. l. 7
c. 10. hist.
Fauchet. 4.
22.*

L'exéple de Sainct Oßrille Archeuesque de Bourges merite d'estre

*Hist. s. Au-
stregisili.*

rapporté, c'estoit vn accort & bien
conditionné courtisan, qui viuoit en
Euesque, auant que d'estre Euesqre,
accusé du crime de faux par Betelitus
se resout d'exposer sa vie au hazard
du Duel pour reuenger son honneur
interessé par ceste calomnie, se porta
courageusemét au champ de bataille
comme son histoire tesmoign, & les
grãdes Chronicques, *il estoit vn vail-*
lant homme, qui au palais auoitconuersé
au temps du Roy Gontran, & sauoit vn
familier qui luy tenoit sa touaille pour ses
mains essuyer, quand il se lauoit, vn iour
fut accusé deuant le Roy, sans raison d'vn
sien ennemi, qui faulx estoit & desloyal, si
comme il apparut apres le crime, dont celuy
l'accusoit estoit tel, qu'il auoit faict faulx
escript contre le Roy sans congé, mais ce-
luy le nia appertement (à ce vient la beson-
gne que le Roy luy commanda qu'il s'en
deffendit par gaige de bataille, ou il le
voudroit auoir atteint de trahison; celuy
receut le gaige, & dit que bien se defen-
droit à l'aydé de nostre Seigneur, au matin
se leua, & feit porter ses armes au champ
de la bataille, & tandis alla faire ses orai-
sons au Moustier S. Marcel, & es autres

Eglises, à vn pauure qu'il trouua donne son aumosne puis se mit en oraison & pria nostre Seigneur qu'il le conseillat, le fruit de ceste Sainte oraison ne perit pas, car comme il s'en alloit au lieu determiné, où il se deuoit combatre, vn messager s'en vient deuant le Roy, & luy dit que l'aduersaire d'Austragisille estoit cheu de son cheual quand il couroit à l'huys de la Bastille, & auoit le col percé, moult fust lie le Roy de ceste nouuelle, lors se tourna deuers Austragisille & luy dit, beaux amis soyez ioyeux, car nostre Seigneur est ton Champion, que ton ennemy ne te peut nuire.

Berthol enuoya vn cartel de deffi à Landri Maire du Palais, Pinnabeau Champion de Gannelon veincu en Duel par Thierri Chāpiō de Charles-Maigne fut conueincu de trahison pour reparation de laquelle par ordonnance de Charles-Maigne il fut tiré à quatre cheuaux.

Turpinus. c. 26. de gest. Caroli M. Guaguin. in C. M. Anonymus in Chron. Et Aimoin. l. 3. c. 91

Bernard Prince du sang se purgea de l'adultere dont on l'accusoit, s'estant presenté au combat singulier, & deffié son accusateur qui n'osa comparoir; Berauld Conte de Barcelonne conuaincu par le Duel du crime de

Theganus. xxxviij.

Anonymus A. C. 820. Hermannus Contractus

Majesté lesee , fuſt enuoyé en exil,
Bernard accuſé de perfidie contre
Louys le Debonnaire & d'eſtre parti-
ſan de la trahiſon que Pepin deſſai-
gnoit côtre ſon pere, l'accuſateur reſ-
fuyant le combat fuſt degradé de ſes
honneurs.

Hues IV. Duc de Bourgôgne outré
de la mort de Yoland ſa fille, veſue en
premieres nopces de môſieur Triſtan
de France fils de S. Loys, & remariée
à Robert de Bethune fils de Guy Côte de Flãdres, de la permiſſion de Philippe le Hardy défia Robert de Betu-
ne ſon gendre, & luy offrit Guillaume
de Monſignon, Cheuallier pour ſon
Champion, que Robert de Bethune
vouloit côbattre, diſant au Roy qu'il
ſe confioit mieux en ſoymeſme qu'il
ne faiſoit pas en nul autre, mais Chaſ-
teauvillain ſe preſente franchement
pour eſtre ſon Champió, & fut receu;
lors Robert de Bourgôgne & Robert
de Bethune donnerent pleige pour
ſe trouuer au chãp de bataille au iour
aſſigné par le Roy & au champ pris
aux prez de S. Germain les Paris, au
iour & lieu nommé par le Roy, les

*Appendix
Aimoini.
l.5.c. 13*

Du Tillet.

*Pierre d'Eſ-
trey. ch. 145
de Godefroy
de Buillon.*

Champions richemét armez & montez sur de bons coursiers rompirent
furieusement leurs lances & espées,
vindrét aux prises & se luittéré corps
à corps; Chasteau-villain arresté le
Roy à l'instáte priere de la Royne feit
le ho-la, & apointa leur querelle, pour
en euiter d'autres qu'elle eut trainé a-
pres soy. Oliuier de Clisson Cônesta-
ble de France demáda permission au
Roy Charles, VI. de côbatre en Duel
Iean de Monfort Duc de Bretaigne
en offrant le gage de bataille.

La Cour de Parlemét de la permis-
sió des Roys, par ses arrests, a ordóné
que Armand de Môtagut feroit Duel,
contre Aimeric de Durfe; Charles
Artus, contre Rozier Deodaise; Raynaud Dupont, côtre Bernard Comte
de Cominges sur le differét du Vicôte
de Turenne & sur vn pretendu faulx
& supposé parturit. Pierre Bauduin
Escuier, côtre Leon des Arenes aussi
Escuier; Amé le Vert Comte de Sauoye, contre Federic Marquis de Saluces; Aimard Robert Escuier, côtre
Leonard Vincar; Iean de Carrouge,
contre Iacques le Gris, rapporté au

Sequitur in Carolo VI.

Brollius tit. 16. Stili Cu- ria. Ex Brollio Guido Papa qnæst. 617. & sequent.

Ioan-Gallus quæst. 76. 85. 86. Symphor. Champier. en la Chron. de Sauoye.

long par Froiſſard & Iean le Coq,
Aduocat du Roy, & conſeil dudict
le Gris qui y remarque pluſieurs belles rencontres; Rocquelaure Gaſcon,
côte de Budos; le Seigneur de Vuen-
din fit Duel contre vn roturier en armes de Cauallier ſuiuant le iugement
du Conneſtable de Boulenois.

Les lices de tels combats eſtoient au
derriere de Sainct Martin des Chãps
faictes ſoubs le modele de celles de
Gizors plus anciennes de deux cens
ans; en celles là Guy de la Trimouille
Seigneur de Seuly côbatit Pierre
de Courtenay Anglois, en ce meſme
temps *vn vaillant Cheuailler nommé
Meſſire Iehan Harpedanne Seigneur de
Belleuille, & Seneſchal de Xainionge, fit
ſçauoir au Roy qui eſtoit à Paris, & aux
grands Seigneurs, qu'il y auoit en Guyenne
ſept Anglois fort vaillans gens, & renom-
mez en guerre, leſquels faiſoient ſçauoir
à tous François, que s'il y en auoit autant
qui les vouſiſſent combattre, ils eſtoient
preſts pour l'amour de leurs Dames, de les
combattre, & eſtoient les noms d'iceux
Anglois, le Seigneur de l'Eſcalle, Meſſire
Aymond Cloict, Iean Baron, Richard Vi-*

Froiſſard.
tom 3
Quæſt. 85.
87.

Liure ms.
à Madi.

Boutillier en
la Somme

Ioan. Gallus
quæſt. 85
Froiſſard.
tom.3.

Charretier
en l'hiſtoire
de Charles
VI.1402.

tenaille, Iehan Flory, Thomas Thahis, &
Robert Descalles. Cecy fut publié par toutes
les Cours & contrées de France, & ce venu à la cognoissance de ceux qui estoient en
la Cour de Monseigneur le Duc d'Orleans,
furent sept qui entreprindrent ledit voya-
ge ; mais à grand peine peurent-ils auoir
congé, finalement ils allerent: c'est assauoir
Messire Arnaud Guillien Seigneur de Barbazan , Messire Guillaume du Chastel,
Messire Colinet de Brabant, Messire Guillaume Bataille, Archambaut de Corrose, &
Champegne , tous vaillans gentilshommes, & se rendirent deuers ledit Seneschal
de Xaintonge , & estoit ledit Seigneur de
Barbazan chef, & des Anglois le Seigneur
Descalles , & fust la iournée prise au 29.
iour de May, auquel tous comparurent bien
ordonnez, ainsi qu'au cas appartenoit , &
au matin apres qu'ils eurent ouy Messe &
receu le corps de Iesus-Christ, au moins les
François, ledit Seigneur de Barbazan les
enhorta de bien besongner, & de garder
leur honneur, en leur demonstrant la vraye
querelle que le Roy auoit contre eux, qu'ils
n'eussent regard aux Dames, ne pour acquerir la grace du monde ; mais seulement
pour eux defendre, auec autres bonnes pa-

roles qu'il leur dit, & incontinent entrerent au champ en grande & fiere maniere,
tant d'vn costé que d'autre, & apres qu'il
eust esté crié par le Heraut par le commandement dudit Seneschal, ils commencerent
à frapper de grands coups de haches, & finalement furent les Anglois desconfits, &
y mourut Messire Robert Descalles, &
se rendirent tous les autres aux François.

Le hazard n'a gueres bien dict aux
Anglois quand ils se sont iouez aux
François, tesmoin l'historien du siege des Anglois deuant Orleans. Ce
Vendredy dernier iour de l'an à quatre
heures apres midy eut deux François qui
défierent deux Anglois à faire deux coups
L'an 1428. de lance, & les Anglois receurent le gaige,
l'vn des François auoit nom Iean de Gas-
quet, & l'autre Vidille tous deux Gascons,
de la compagnie de la Hire, ledit Gasquet
vint premier contre son aduersaire & le
ietta par terre d'vn coup de lance, mais Vidille & l'autre Anglois ne peurent vain-
cre ny l'vn ny l'autre, pour lequel regarder
auoit assez pres d'eux plusieurs Seigneurs
tant de France que d'Angleterre.

Le mesme Historien rapporte que

Lundy 17. iour de Iannier se deuoit fai-
re vn gage de bataille de six Frãçois con-
tre six Anglois au prochain champ de la L'an 1425.
porte de Bauier, là où souloit estre le colom-
bier Turpin, mais il ne se feit point, com-
bien qu'il ne tint aux François, car ils se
presenterent contre leurs aduersaires qui
ne vindrent ne comparurent, auec ce n'ose-
rent sailir.

Les Conciles, les Loix, les Capitu-
laires, les Decrets & Decretales des- *Concil. Au-*
arment les Prestres, les Clercs, & sur *relian. c. 9.*
tous les Moines, leur interdisent l'vsa- *Burchard. l.*
ge du glaiue: toutesfois le caractere de *2. c. 212.*
l'ordre n'a peu effacer celuy que la na- *Concil. To-*
ture a viuement empreint en l'ame de *letani. IV.*
nos Euesques, Prestres, & Religieux *cap. 44.*
François. Si bien que l'on a veu nos *Ilerdensie. c.*
Prelats & Euesques non seulement *1. Carol.*
conduire les armees & marcher à la *Mag l. 1. c.*
teste bien equippez contre les enne- *70. l. 5. c. 2.*
mis de l'Estat & de l'Eglise, tãt au de- *& aliis.*
dãs que au dehors du Royaume, mais *L. 63. c. T.*
aussi eux, les Prestres & moines entrer *de decurion.*
en champ clos, & faire Duel pour la *P. Orosius. l.*
deffense de leur honneur, & de leurs *7. c. 33. Dia-*
biens. Car depuis que les Ecclesiasti- *conus in Va-*
ques ont conuoité les Seigneuries tê- *lente Aug.*

Carol. Mag.
l. 7. c. 104.
San. Gallen-
sis l. 1. c. 34.
Frodoardus
in Chro. A.
C. 925. Ge-
sta Hug. de
Turr. Episc.
Claromont.

*Carol. Mag.
l.7.c.104.
Lex Otho-
nis Aug.
Alciatus de
duello .c.24.
Petr. Da-
mian. l.2.c.
15. de Clerico
Burgundo.
Origines de
Clairmont.*

porcelles, il a fallu qu'ils soiét deuenus guerriers, tant pour les acquerir que pour les deffendre, tesmoin Estienne cinquiesme du nom, Euesque d'Auuergne, auquel & à l'Eglise Cathedrale Emergarde Rochedagoux ayant donné l'Eglise de Sauuaignat auec ses appartenances & dependãces, & outre ce qu'elle possedoit à Nohanen, sur le trouble qui lui fut fait en la iouïssance des choses donnees par Guillaume Doren de Charmalliere, & Amblard son frere, nepueux de Emergarde, pretendans le quart leur appartenir, il y eut combat entr'eux à Mozat, & la place demeura audit Euesque, depuis ils s'en departirent, & en laisserent la iouyssance libre à l'Eglise Cathedrale & à l'Euesque Estienne, vaincus par le iugement du combat.

*Pet. Venera-
bilis. l. 6.
Epist. 26.*

C'est ce qui a donné subiect de doleance à Pierre de Momboissier, dict le Venerable Abbé de Cluny, se plaignant de ce qu'Estienne de Mercueur Euesque d'Auuergne, qu'il blasonne d'estre sanguinaire ennemy des Prestres & des Religieux, & d'auoir reduit la Prouince à ce poinct qu'vn

chacun

chacun deffendoit la Iustice ou l'In-
iustice de sa cause par la poincte de
l'espee ores que ledit Euesque soit
sainct Canonisé, & que sa memoire
soit honnorée en l'Abbaye de la
Chaise-Dieu, de laquelle il a esté sep-
tiesme Abbé auant d'estre Euesque,
telement que pour auoir tolleré les
Duels & les défis il a encouru ce blasme, qu'il falloit plustost reietter sur
l'humeur Françoise, & la licence du
temps, que sur sa personne.

    Vn clerc Bourguignon superbe &
belliqueux vsurpa l'Eglise de S.Mau-
rice riche en dotations & reuenus, vn
puissant seigneur la vendique comme sienne, d'vn commun accord le
iour & lieu sont captez pour se battre,
le seigneur enuoye vn espion au iour
assigné pour explorer ce qu'on faisoit
en l'host de son ennemy qui ouyoit
la Messe, & à la fin de l'Euangile de
ce iour, le clerc ayant ouy dire celuy
qui s'esleuera sera abbaissé, & qui s'ab-
baissera sera esleué, dit tout haut que
ces parolles n'estoient vrayes, & que
s'il se fut humilié, & n'eust resisté à ses
ennemis, il n'auroit tant de possessiõs

Acta ms
Casa Dei.

Petrus Da-
mianus l. 2
c. 15.

Mathæi 23.

C

& cliens ; de cette parolle altiere &
impie rapportée par l'espion, le seigneur s'en promit vn heureux succés,
au choc du combat furent outreper-
cez de glaiue, la langue & la bouche
blaspheme du clerc, lequel cheut à
terre roide mort.

Goffridus Abbas Vindoci. ad fe-trem San-flosensem l 3. epist. 38.

Raynaud Chesnel Clerc de l'Eglise
de Xaintes se deuoit battre en Duel
auec Guillaume Religieux de Vendosme, Anselme Beesse Thresorier
de l'Eglise de Laon & Religieux accusé d'auoir desrobé & soustraict plusieurs pieces precieuses du thresor de

Anonymus in lib. Ec-clesie Landu-nensis ex bi-blioth. Ioan. Scarbott. I.C.

ladicte Eglise, venduës à vn Orpheure
de Soissons qui en fust trouué saisi
par les Chanoines de Laon, & deffe-
ré à Iustice dict & soustient les tenir
d'Anselme thresorier, qui le nia,
& entra en duel auec l'Orpheure;
le vainquit & surmonta, pour auoir
violé sa foy & sa promesse engagée à
Anselme, de ne reueler qu'il fust le
védeur, ainsi que rapporte l'Historien
Anonyme.

Anonymus de miracul. S. Benedicti c. 2.

Sur le different d'entre Hües Abbé
de Flori (qu'est sainct Benoist sur Loire) contre vn Escuyer nommé Isam-

bert, qui pretédoit vn Robert Liberté de ladite Abbaye luy appartenir, &
l'Abbé au contraire, ce Robert fit
Duel contre Airic champion d'Isambert, le chargea si viuement qu'il fut
contrainct de confesser estre vaincu,
quitter ses armes & se retirer auec
Isambert.

Le Roy Clothaire de l'aduis & cõ-
seil des Euesques de France, offrit à
Theuberge sa femme vn champion
pour se battre en Duel.

Aymeric Viconte de Touars de-
mandant à Thierry Abbé de S. Aubin d'Angers, vn cheual de cent escus
& pareille somme de cent escus pour
le droict d'entrée en l'Abbaye,
l'Abbé qui ne vouloit faire ce preiu-
dice à ses successeurs, ny à luy, refuse
tout à plat, & faict offre de bailler vn
champion pour auec l'escu & le baston se purger & defendre contre
ce pretendu droict & exaction non
accoustumee d'estre payee.

Il fut dit que se vuideroit le procés
d'entre Iues fils d'Hamelin demandeur contre Mangenou deffendeur
par le iugement du Duel, lequel fut

accepté par les parties, & au iour &
lieu aſſignez: les cóbattans firent vaillamment dans le pré de l'Eueſque de
Rhennes, Hamelin lors Eueſque pré-
ſent auec preſque tout ſon Clergé, &
pluſieurs ſeigneurs & peuples qui les
appointerent, & fut l'appointement
homologué & effectué par ledit Eueſque, ainſi qu'il teſmoigne par l'acte
d'Homologation.

Par l'accord & tranſ-action paſſee
entre Richard Comte d'Anjou, &
Barthelemy Archeueſque de Tours,
les Duels faits à Chinon par les iuſti-
ciables de l'Archeueſque luy appar-
tiennét, le champ, & le droict de preſence luy competent, & le Roy Philippe l'a homologuée en l'an 1190

Les Eueſques determinerent que
le different de deux Gentilshommes
ſe deuoit terminer par le combat ſin-
gulier, aſſauoir d'entre Iues ſeigneur
de Coüruille, & le Cóte Rotroc que
l'on pretendoit auoir baſty vne for-
tereſſe dans la iuſtice de Hues Viconte de Chartres, ce que Rotroc dé-
nioit, & ſouſtenoit que c'eſtoit dans
la ſienne, les Eueſques ſe voyans em-

peschez au iugement de ce different,
arresterent que le duel se deuoit vuider, & à cet effect remirent les parties
à la Cour de la Contesse de Chartres.

L'Eglise Cathedrale d'Orleans assigna iour au Seigneur Rodoulphe
appellant, contre vn Gentilhomme
de Thibaud Comte d'Orleans appellé pour decider leur querelle par
le Duel.

Les Chanoines de S. Merri, ont en
leur auditoire deux Champions co-
battans peints pour signifiance qu'ils
ont haute Iustice en leur cloistre, car
le Duel auoit lieu, & estoit restrainct
ès trois cas de la haute Iustice, assauoir d'incendie, de rapt, & de meurtre, d'où vient que Monsieur Bouteiller escrit, *dois sçauoir qu'il est ordonné sur
ce par les nobles Rois de France, Empereurs en leur Royaume, & faiseurs & con-
diteurs de Loy que nul ne soit receu à gage,
que pour trois cas, c'est assauoir pour meurtre, pour rapt, & pour arseu de maison, qui
sont les cas qui desirent traisnet par Iustice.* Et de cecy a arrest à l'Ascension
de l'an 1260.

Les Prestres receuoient le serment

Iuo epist.
247.

Ragueol. l.3
Chopinus
in consuet.
Andeg.

Brollius c. 31

En la Som-
me rural. p.
I.

Ragueol. l. 3

L'Edict de
Philippes le

de ceux qui se deuoient battre en Duel, les enhortoient, voire mesme les communioient, apres les auoir ouys en confession, & estoient presens au combat.

Aussi le Pape Nicolas premier appelle le Duel *vn conflict legal*, *vn legitime combat*, le Concile de Salegunstat, *Iugement diuin*, de mesme la Loy Gombette, & Federic premier, celles de Bauieres & des Lombards, *Sentence de Dieu*, Robert Roy de tres-saincte vie, *Loy que l'on appelle champ*, Sugger Abbé de saint Denis, *Loy du Duel*. Les Archeuesques & Euesques l'ont receu comme vne loy en leurs Seigneuries temporelles, & leurs Iuges temporels ordonnoient le Duel à leurs iusticiables, resmoin le Seneschal de l'Euesque d'Eureux, qui l'ordonna à Guillaume du Bois contre Iean Ignot.

Sur le procés d'entre l'Aduoué de sainct Benoist sur Loire d'vne part, & l'Aduoué de sainct Denis d'autre partie, pour raison de quelques serfs respectiuement pretendus, tant fust procedé que les Iuges ne pouuant

Bel, Albaricus de Rosate lib. 4. dictionarij.
Cæsarius l.3 c. 18.

Nicolaus PP.c. 51.

Can. 14. S. Agobardus.

L.2.tit.32
Lib.2. de Scandalo.
Dyploma Roberti R.
Suggerius de vita Roberti Regis.
Lyranus.1. Reg.c. 16.
Albericus de Rosate lib.4.dictionarij.
Brollius tit. 16 §. 6

Adreualdus l.1.c.25. de mirac.S.Benedicti.

demeurer d'accord, à qui lesdits serfs
appartenoient, le Roy commit Ionas
Euesque d'Orleans, & Donat Comte de Milli pour le iuger, ce que
n'ayant peu, la tenuë de cause & plaid
fut remise à Orleans, où derechef la
matiere mise en deliberation, les Iuges d'Orleans & de Gastinois furent
partis en opinions, & les preuues de
part & d'autre trouuées esgales, auquel cas de parité d'opinions & de
preuues, apres auoir differé, en attendant que quelqu'vn se despartit de
son opinion, & se rengeast à l'autre;
voyant qu'ils demeuroient constans,
fut resolu que deux tesmoings d'vne
part & d'autre entreroient en champ
clos pour vuider le partage, ce qu'a-
yant esté empesché par les artifices
d'vn Docteur de Gastinois gaigné &
corrompu par les dons & presens de
la part de l'Aduoué de saint Denis,
qui se défioit de la Iustice de sa cause,
& craignoit que son tesmoing ne
succomba en Duel, il s'aduisa de pro-
noncer qu'il n'estoit iuste, que les tesmoings combattissent pour les choses d'Eglise, & estoit plus expedient

de partager les serfs contentieux entre les parties, son opinion fust suyuie
de tous: apres le partage des serfs en
execution de sentence, par le iuste iugement de Dieu (dict l'Historien) il
deuient muet, & ayant recouru au
patronnage de sainct Benoist, & se-
iourné vn mois en son Monastere, il
recouura la parole, sans que neantmoins il peust proferer de là en hors
le nom de ʙᴇɴᴇᴅɪᴄᴛᴜs qu'il auoit of-
fensé par son iugement rustique, ne
dementant son nom de Beste, qu'il
portoit, au rapport d'Adreualde.

 Par arrest du Parlement de l'an mil
deux cens 59. l'Abbé du lieu obtint
la confiscation des biens du vaincu
en Duel trouué dans sa terre, estant
ledit vaincu son homme, & luy ayāt
ordonné le Duel, ores qu'il fust de-
uolu à la Cour Royale.

 Par autre arrest de l'an 1260 aux
octaues de la Chandeleuse entre le
Prieur de sainct Pierre le Moustier, &
le Roy, la Cour prononça le Roy
n'auoir qu'osté le Duel des terres de
son domaine, & non de celles de ses
Vassaux, partant elle maintient le

Curia Re-
gestum Olim
fol. 3

Prieur au droict du Duel & gaige de bataille.

Les amandes & confiscations des Burgardus in l. ge fami-lia. vaincus ou tuez en Duel reuenoient aux Ecclesiastiques s'ils estoiēt leurs Seigneurs Iusticiers. Car les battus payoient l'amende, de ce que dessus est aisé de recueillir que les Ecclesiastiques ont receu, autorisé & prattiqué les Duels en France.

Les Iuges n'ont esté exempts du peril des Duels, & reparoient les griefs de leurs Sentences par gage de bataille, Philippes de Beaumanoir en faict foy, *& bien apperi que s'il hōme fe-foient aucun iugement qui semblat malues au Seigneur, il conuiendroit, si li Sires le vouloit faußer, que ce fut par appel en le Cor souueraine, & seroit li apiax demenez par gage de bataille, exceptez ces qui sont fil de Roy,* vn ioyeux pratticien Fran-çois en a fait vn tiltre entier. *Che que les loix sont par appel, che fait nostre usa-ge par faußer, qu'est par gage de batail-le prouuer que le iugement est faux & iniurieux, & à cest effer appeller en champ clos celuy qui l'a rendu, ce qui fe trouue confirmé par arrest du Par-

Chopinus de Dómanio l. tit. 26.§. 15.

lement, lequel dispense du Duel Mósieur Maistre Guillaume Marsili Cóseiller accusé de corruption par vn particulier, & appellé en Duel pour cause qu'il estoit Cóseiller audit Parlement.

Si les tesmoings ouys & examinez aux enquestes , & informations estoient contraires en leurs depositions, en sorte qu'on ne peut asseoir iugement sur leurs tesmoignages, le Iuge en prenoit vn de chasque enqueste ou information, & les faisoit battre en Duel, auec l'escu & le baston, le veincu donnoit gain de cause à celuy contre lequel il auoit deposé aux despens de sa main dextre qu'on luy coupoit comme periure & faussaire.

Lex Longobard.l.2.tit. 50.l10. & 11. Carol. Magn.l.4. c.23. Adrenald. l.1.c.25.

Cecy est autant estrange qu'esfroyable , les femmes des François non moins prudentes que magnanimes, se laissans emporter à leurs courages sans retenuë , ont franchy les bornes de modestie bien-seáte à leur sexe , se sont battues en champ clos, sont venuës aux mains, & faict Duel de corps à corps , & femme contre

Plutarque des vertueux faits des femmes. Florus l.3.c. 3.l.4 c.4. Petrus de Auriliaco tit.de Duello in aurea practica, mulieres tamen

femme, contreuenans au commandement de Dieu.

I'adiousteray le Duel fait de l'ordonnance du Roy Charles le Sage
entre vn leurier d'attache, & vn Archer de ses gardes pein$ en vne che-
minée du chasteau de Montargis,
pour symbole du Duel & de l'amitié
des chiens vengeurs de la mort de
leurs maistres au rapport de saint Ba-
sile & S. Ambroise.

Voila comme les Rois, les Roynes,
les enfans de France, les Princes du
sang, & Officiers de la Couronne, les
Gentils-hommes, les Euesques, les
Prestres, Cleres, & Religieux, les Iuges, les tesmoings, & les femmes se
sont abandonnées au Duel, ce mal a
esté si general par toute la France, &
si contagieux que nul ne s'en est peu
garentir, l'on est venu aux mains &
aux combats singuliers pour choses
tres-viles, & de nulle valleur, voire
mesmes pour vn asne de moulin, côme dict sainct Agobo, de gayeté
de cœur, & pour l'amour des Dames.

Toutes matieres ciuiles & crimi-

inter se pu-
gnant secun-
dum prauâ
consuetudi-
nem, quæ in
omnib. est
praua. &c.
Aufrerius
tit. 16. Stil.
Curiæ lit. I.
forti.
Deuter. 22.
Lyran. ibid.
l. 6. hexam.
c. 4.

Ad Ludoui-
cum Imp.
Somnium
viridarij c.
107.

Petrus Iaco-
bus vbi su-
pra.

Lex Salica.
Capitularia
l.3.46.l.4.
c.23.29.
Lyranus.
1.Reg. c.16.

Brollius &
Aufrerius in
stilo Curiæ.

Rubr. de
causis ex
quib. domi-
nus debet a-
mittere pro-
prietatem,
Rubr. de ac-
quisitis ab
Ecclesia &
rub. de quar-
ta specie cu-
mulationis.

neles se vuidoient le plus souuent par la loy du Duel, le Duel auoit ses loix à part ses formules, sa prattique, ses Aduocats & ses Iuges. Les Rois Clouis, Childebert & Clothaire, Charlemaigne, Loys le Debonnaire, Charles le Chauue, Pepin, Robert, Louys le Gros, S. Louys, Philippes le Bel, & autres, en ont faict des ordonnances. La Cour de Parlement en a prescript les formes, & le stile a esté redigé par escript par Maistre Guillaume du Breuil Aduocat en Parlement par Aufrerius Official de Luçon & President de Thoulouse, & par Guy Pape en ses decisions. Les arrests rendus sur ceste matiere ont esté recueillis par Messire Iehan le Coq Aduocat du Roy; les regiſtres du Parlement en sont chargez; Pierre Iacques d'Orillac Docteur de Montpeiller, en ace en sa prattique doree le tiltre du duel, & en a dignement traitté, là, & ailleurs; comme aussi Monsieur Maistre Iean Bouteiller Conseiller en Parlement en sa Somme rural; les couſtumes de Bourges, de Normandie, du Bailliage de la Bourt, de Biar; en la

vieille couſtume d'Anjou & du Mayne, de Valenciennes, y a tiltres exprés
du gage de bataille ; le docte Lyranus, & quelques Caſuiſtes le tiennent
tollerable, & aucuns Docteurs Politi-
ques l'approuuent.

Doncques la prophetie de Dauid
a eſté accomplie, c'eſt ce fier ſanglier
qui a gaſté la vigne de Dieu en France, en faiſant prouigner les Duels de
ſiecle en ſiecle ; outre les exemples
que nous auons recueilli de bonne
foy, & tiré des auteurs les plus fideles, pour abondance de preuues i'ad-
iouſteray celuy de Geofroy Belle-
den, lequel apres auoir ſubiugué les
Bretons veinquit en Duel memora-
ble Grimauld geant treſ-valeureux,
qui auoit vne belle reputation en ſon
pays.

Ceſte grandeur de corps & de courage ne ſeruirent que de matiere pour
accroiſtre la gloire de Geofroy victorieux de la Bretaigne, non plus
qu'à Chriſtofle Zerbulo Geneuois,
lequel tournoit en riſee la baſſeſſe de
la Laude François le nommant nain,
qui luy reſpondit que ce nain arra-

*Ragueol. l. 3.
& 7. Cho-
pin de morib.
Andium.*
*1. Reg. c. 16.
Gloſſa §. in-
terdum in-
ſtit. de hære-
dit. quæ ab
inteſt. defer.
Bald. l. cum
filius de leg.
2. & l. de his
G. depoſiti.
Bodin. l. 4. c.
7. le ſieur de
la Noue di-
ſcours 12.*

*L'Hiſtoire
de Bretaigne
Campegius
de hereib.*

*Arnold.
Ferronius l. 1
hiſt. in Ca-
rolo VIII.*

cheroit bien la massue à son Hercule; ils se donnent le gaige de bataille,
l'on faict vn bel apparcil, au iour assigné ils entrent en champ clos, & font
à coups d'espée d'vne telle adresse &
furie, que les François & Italiens, cō-
fessoient qu'à peine s'estoient iamais
rencontrez deux si vaillans combattans, apres auoir opiniastré la poincte
longuement sans gaigner aduentage
l'vn sur l'autre, ains redoublant leurs
forces & leurs courages, en fin Zerbulo fust atterré d'vne estocade dans
le ventre, la Laude le voyant par terre luy donna la vie en faueur de la noblesse Italienne.

Le hazard dit à treize hōmes d'armes Italiens contre treize hommes
d'armes François, qui se battirent furieusement & à outrance en vne cam-
pagne entre Barlete, Andre, & Qua-
drate l'an 1503. que Guichardin s'es-
gaye à discourir, au grand aduentage
de sa nation, & aux despens de la nostre: mais comme remarque fort bien
le sieur de la Noue, il auoue que l'a-
stuce & non la force emporta le dessus, car la mort d'vn François tué par

derriere, & de quelques cheuaux, a
eternisé ce luy semble, les victorieux.

Si Iean de Chabanes Seigneur de
Vendenesse, frere du Mareschal de
Chabanes Capitaine de cinquante
hommes d'armes, chef dedans Come, n'eut esté tué à la retraitte de Mö-
seigneur l'Admiral de Bonniuet pres
de Romagnen, il eust fait sentir à Fer-
dinand d'Aualtis Marquis de Pes-
quaire, qu'il ne faut point offenser vn
Seigneur de bonne maison, auquel
de la permission de Monsieur de Lau-
trec, il auoit enuoyé vn cartel, par lequel luy faisoit entendre que fausse-
ment il luy auoit failli de foy, & qu'au
cas qu'il voulut dire le contraire ille
lui maintiendroit les armes au poing.
Le Marquis fit responce que si le Seigneur de Vendenesse vouloit main-
tenir que par son sceu ou commandement le sac de Come fust aduenu
il auoit menti, ils entrerent en plusieurs cartels les vns contre les autres,
& estoit parrein du Seigneur de Chabanes le Seigneur du Pont-dormy.
Le Marquis au commencement de

*Le sieur du
Bellay l. 2
A. C. 1521
Guichardin
l. 14. §. 13. de
Serres en
son inuent.*

l'aduis des Espaignols & Italiens des-
daignoit de faire responce pour sauuer son honneur, sous pretexte de la
Lieutenance de l'Empereur Charles
le Quint, & du Duc Sforcia, il fut resolu pourtant, consideré les qualitez
du Seigneur de Chabanes, qu'il se
battroit, où le Marquis au lieu de
gloire acquit la reputatió d'estre per-
fide, & se rendit infame.

Ie ne rempliray point ce discours
des Duels, fameux & celebres de
Pierre Baiard, contre Dom Alonce
de Sancto Maiore de la maison de
Cordonne faict l'an 1503. du Comte
d'Aiguemont, contre le Seigneur de
Montmorenci en l'isle de Maisieres,
& par mesme moyen du Seigneur de
Lorges, contre le Seigneur de Ven-
dray surnommé le Beau l'an 1521. du
sieur Sauonnieces dict la Perrine có-
tre le sieur de Vaulay l'an 1530. du
sieur de Sarzay contre Venier, l'an
1537. de la Chastaigneraye, contre
Iarnac à saint Germain en Laye, l'an
1547. de Dom Philippin frere de
Monsieur Duc de Sauoye, contre le
Seigneur de Crequi, gendre de Monsieur

ſieur de Mareſchal Deſdiguieres, premierement à Baraut, où Philippin
fut bleſſé à la cuiſſe, & depuis au ſecond appel tué au deſſous de S. An-
dré dans la Sauoye; tous ces Duels
naïfuement repreſentez par les Hiſto-
riens, & en ſtile de Cauallier par Meſſire Iean de la Taille Seigneur de Bó-
daroy les Pluuiers.

I'abhorre de mettre en ligne de
compte (auſſi ne ſe peuuent-ils com-
pter) les Duels ſanglans & enragez
mis en vſage puis l'an 1547. iuſques
à l'Edict ſolemnel de ſa Majeſté de
l'an 1609. & renuoye le lecteur aux
tableaux teints de ſang qui ſe rencon-
trent en tous les cantons de la France, y ayant peu ou point de maiſons
nobles exemptes de ce carnage, & de
ceſte barbarie plus que barbare ; les
miſerables veufues & orphelins ploiét
ſoubs le faits & charge de leurs maiſons ſouſtenuës & appuyées par les
peres de familles qu'ils deſirent auec
ſanglots & gemiſſemens continuels ;
les pauures peres contre leur attente
ſuruiuent à la mort tragique de leurs
enfans.

D

Ie reffuy d'entacher ce difcours du fang de ces combats illegitimes, & inhumains, me contentant d'auoir rapporté de bonne foy les legitimes & tollerez, qui font bien en petit nôbre à l'efgal de ce grand, arriué puis ce temps, encores la plufpart de ceux-là, font contre les ennemis.

Il me fera permis de les appeller legitimes puifque les Rois & les loix les permettoient (comme i'ay dict) que les Roys daignoient d'y affifter aux iours affignez par les herauts d'armes, & que tous les peuples y accouroient pour euiter les fraudes & fupercheries. Au combat de Chundon Chambellan contre le foreftier, le Roy Gunthran y eftoit prefent. Le mefme Roy eftoit en perfonne dans le champ clos où fainct Otrille deuoit combattre Betellinus fon aduerfaire; Les loix Ripuaires & de Bauieres, l'Ordonnance de Philippes le Bel, ftatuent que le Roy s'y trouuera, où tel autre feigneur qu'il luy plairra commettre: Pierre d'Orillac s'efcrie de ce que les Roys affectoient d'y estre presens.

Le Roy Philippes le tiers se trouua auprés de Bordeaux au iour assigné pour veoir le Duel d'entre Charles de France Roy de Sicile son oncle, & Pierre Roy d'Arragon. Ce mesme Roy honnora de sa presence, & de celle de la Royne Marie le Duel de Guillaume de Monsignon Champion de Hues Duc de Bourgongne, & de Chasteau-villain Champion de Robert de Bethune és prez de S. Germain lez Paris. *Nangius, Chronic. Comitis Montisfortis. Pierre d'Escrey.*

Le Roy Charles VI. le iour de saint Thomas au derriere de sainct Martin des champs à Paris, vid le combat furieux de Iean de Carrouges, & de Iaques le Gris, & donna pension deslors à Carrouges. *Froissard, tom. 3. Guaguinus in Carol. VI.*

Le Roy Charles VIII. eut le passetemps de veoir combatre Zerbulo & la Lande, & fit don de trois cens escus à Zerbulo, & de cinq cens à la Lande. *Ferronius l. 1. hist.*

Le grand Roy François se trouua presque en tous les Duels ordonnez par sa Majesté. Et le Roy Henry II. en celuy de la Chastaignerayc & de *Le sieur de la Taille.*

Iarnac.

Ces Duels faicts de la permission & ordonnance des Rois, & en la presence de leurs Majestez ne peuuent estre reputez illegitimes; or est-il que tous ceux que i'ay recueillis ont esté de la permission des Rois, des Iuges, ausquels ils auoient donné pouuoir, & de l'ordonnance de la Cour de Parlement que le Roy Philippes le Bel auoit commis par Edict de l'an 1307.

Ordinationes Regiæ. tit. 42. §. 2.

Il est à noter que le Comte Amé le Verd de Sauoye pria Louys Duc d'Anjou luy donner le camp contre Federic Marquis de Saluces, ce qu'il refusa, les remettant au Roy & à sa Cour de Parlement, qui par leur prudence appointerent leur querelle : & est vray de dire que non seulement les Roys, leurs Connestables & Mareschaux de Frâce, la Cour des Pairs, le Parlement de Paris, ont permis, ordonné & iugé des Duels, mais encores les Barons & Chastellains; vieille coustume d'Anjou, & du Mayne, *& ne peuuent lesdits hauts Iusticiers autres que les Barons & Chastellains*

Paradin en la Chron. de Sauoye chapitre 59.

Ioan. Gallus quæst. 89.

ne autres, de au dessous cognoistre de gages
de bataille ; Aussi les Archeuesques &
Euesques, tesmoin Nicolas de Lyra,
Aulbric de Rosate, & Guillaume du
Brueil, en le stile du Parlement, & ce
que i'ay cotté parlant du Duel des
Ecclesiastiques, mesme que le Duel
& gage de bataille, estoit vne marque
de la haute Iustice , & que les Iuges
des hauts Iusticiers en connoissoient,
iusques à ce que le Roy Philippes le
Bel en attribua la connoissance à la
Cour des Pairs , priuatiuement aux
Seneschaux, & autres Iuges, en con-
sequence dequoy ladite Cour cassa
le Iugement du Seneschal de l'Eues-
ché d'Eureux , & ordonna que les
cheuaux & armes adiugez à l'Euesque seroient rendus. La mesme Cour
par son Arrest & Commission du 28.
Iuin 1354. contre l'Archeuesque de
Thoulouse arresta qu'vn gaige de
combat de six cens escus estoit deu
au Roy.

    Quoy que ces Duels ne se fissent
que de la permissiõ du Roy, de l'ordõ-
nance de la Cour, ou des autres Iuges
ausquels le pouuoir en estoit cõcedé,

D iij

1. Reg. c.16.
*Alber. de
Rosate l. 4.*
*Brollius
tit. 16.*

*Tiltre 4. de
haute Iusti-
ce. Mingon,
4 partie de
la punition
des crimes.*

*Brollius tit.
16. §. 6.
Aufersius
ibid.*

Ragueol. l. 7

neantmoings S. Auit Archeuefque de Vienne tref-docte Prelat & de faincte vie defploya les forces de fon bien-dire pour combatre la Loy Gôbette, ainfi que rapporte S. Agobo, Archeuefque de Lyon.

Ce mefme S. Agobo, digne fecôd de S. Auit, f'eft armé de viues raifôs, & a efmoulu le fer de fa lâgue pour toucher le cœur de Louys le Debônaire & retrancher la Loy Gôbette, fe targuant de l'auctorité de S. Auit.

Les Archeuefques de Lion, Viêne, & Arles auec leurs fuffragans affembles au Concile de Valence l'an 855. implorent le bras du Roy Clothaire à fin de tollir l'vfage des Duels.

S. Charles-Magne par fon teftamêt, au default de preuues par tefmoins, veult & ordonne que l'on vienne à la preuue de la croix qu'il auoit abolie, & defend celle des combats & Duels en quelque maniere que ce foit, que de parauât il auoit auctorifée, toutesfois cefte licêce ayât roulé de fiecle en fiecle iufques au regne de S. Louys,

il l'arrefta tout court par fon ordonnance en ces termes. *Nous defendons*

batailles par tout noſtre domaine en toutes
querelles & en lieu des batailles, nous met-
tons preuues par teſmoins & chartres,
d'autant que la Cour de Parlemēt par
ſon arreſt declara que le Roy n'auoit
defédu le duel que dās ſon domaine, *Arreſt de*
& non dans celuy de ſes vaſſaux, leſ- *l'an 1160.*
quels tant pour la conſeruation de
leurs Iuſtices que pour le profit qu'ils
en receuoiēt, eſtoiēt acharnez à main *Anfrerius*
tenir les Duels, cela le luy fit interdire *tit.16.*
à ſes ſubiects generalement par tout *Ordinatio-*
ſon Royaume de meſme qu'à Philip- *nes Regiæ*
pes le Bel ſon petit fils l'an 1303. à l'e- *tit.42.§.1.*
xemple de ſon ayeul, & de ſes predece-
ſſeurs ſur peine d'eſtre punis cōme
perturbateurs du repos public. Mais
aperceuāt que le malheur des guerres
trauerſoit ſa ſaincte reſolution, trois
ans apres il fut contrainct pour euiter *Preface de*
pis de les permettre auec modifica- *l'Edict de*
tions portees par ſon Edict de l'an *l'an 1306.*
1306. en certains cas treſ-graues où il
y alloit de la vie, où ſe rencontroit
des indices pregnans, & au deffaut de
toutes autres preuues, auec les formes
preſcriptes par ſon Edict.

    Non content d'auoir faict des de-
D iiij

fenses generales auec ces modifica-
tions, l'an apres il enioignit aux Iuges de renuoyer les causes des Duels
à la Cour de Parlement, laquelle secondant les volontez de sa Majesté
l'année suiuante, arresta que les Comtes d'Armaignac & de Foix ne pouuoient entrer en combat singulier,
puisque d'ailleurs il y auoit preuue du
faict controuersé entre eux.

L'auteur du songe du Verger recō-
mande les louables qualitez de Charles V. & entre autres de ce qu'il a in-
hibé & defendu les Duels. Charles
VI. reitera les mesmes inhibitions &
defenses, cōtre toutes sortes de duels,
qui de parauant auoient esté tollerez
comme legitimes.

De verité le Pape Nicolas les appelle legitimes, à cause que la loy Salique & Gombette les permettoient,
& l'vsage les auoit receus, tout ainsi
que la loy nomme la centesime vsu-
re legitime; mais Senecque ne laisse
de luy donner le nom de sanglante,
& à mesme raison ces loix sont dictes
sanglantes, impies, & peruerses par
les Rois des Lombards qui les ont

plus que nuls autres auctorisées, l'incertitude des euenements leur a donné ces beaux tiltres , & fait appeller
leur prattique corruptele par Philippes le Bel en son Edict de l'an 1303. à
Thoulouse , & par l'Escuyer dans le *lib.1.c.108.*
songe du Verger.

On a esté contrainct de les tollerer, *C.Molinæus*
comme iadis les Bordeaux pour é- *tit.16.*
uiter de plus grands maux , ainsi que
dict Nicolas de Lyra, & le Roy Phi- *1.Reg.c.16.*
lippes le Bel en la preface de son ordonnance de l'an 1306. declare les
motifs qui luy ont faict attremper sa
defense generale, & permettre le gaige de bataille contre celuy ou ceux
qui par indices & presomptions semblables à verité estoient soupçonnez
des crimes enormes, esquels le gaige
de bataille estoit permis pour supple-
ment d'entiere preuue.

Toutesfois sainct Auit. sainct Ago- *2.2.quæst.*
bo, disent ouuertement que c'est ten- *95.art.final.*
ter Dieu , S. Thomas a ceste mesme
creance pour ceste cause, le Pape Nicolas premier refusa d'accorder à *dict.epist.51*
Theuberge de bailler vn champion *& sequetib.*
contre le Roy Clothaire , quoy que

les Euefques de France l'euffent ac-
cordé, & par plufieurs de fes Epiftres,
fur ce fubiect condamne la preuue
des Duels; Iues Euefque de Chartres
auec vne aigre piqueure, reprend les
Euefques & Ecclefiaftiques qui ont
deferé à la preuue du Duel contre la
difpofition Canonique ; Geofroy
Abbé de Vendofme a demandé raifon à Pierre Euefque de Xaintes du
Duel d'entre Raynaud Chefnel , &
Guillaume Moyne de Vendofme, re-
monftrant que les epiftres Decretales des Papes, défendent abfolucmét
les Duels entre les Ecclefiaftiques.
La Cour de Parlement par fes arrefts
a difpenfé les Clercs d'entrer en cô-
bat fingulier, encores qu'ils fe fuffent
rendus demandeurs & appellans pardeuant les Marefchaux de France, &
en la Cour de Parlement , les con-
demnant feulement aux defpens des
procedures volontaires. Le Concile
de Latran en abroge l'vfage comme
abufif, contre l'honneftebé publique,
& bien-féance de l'ordre ; celuy de
Lyon fous Innocent IV. excommu-
nie Federic Empereur, pour auoir en-

Iuo epif. 247
& 280.

Epift. ad Pe-
trum Sanc-
tonenfem.

Ballus quæf.
76. & 77.
Ragueol. l. 3.
Combat.

Concil. La-
tur. c. 20.

A. C. 1246.
Nangius.

tre autres chofes contraint les Ecclefiaftiques de fubir le Duel.

Eft grandement remarquable ce
que le Roy des Lombards Luitprand,
dict que par le hazard du Duel plufieurs ont perdu leur caufe, qui auoiét
iufte caufe; Cefte incertitude & dou-
teux euenement, a faict que l'on en
vient là, de condamner les vaincus à
vne amande pecuniaire, d'où deriue
ce prouerbe, le battu paye l'amande,
ou a vn banniffemét, comme remarque Pierre d'Orillac, qui librement
reprend les Rois de ce qu'ils permet-
tent les combats en Duel, & y font
prefents, & leurs confeffeurs de ce
qu'ils font indulgens enuers leurs
Majeftez, flatans leur humeur au pre-
iudice de leurs confciences.

Guillaume Durand depuis Euefque
de Mande, fouftient que cefte couftume en France doit eftre abolye, & les
Duels interdits, la plus grande & fai-
ne partie des Cafuiftes & Canoniftes
va là de pieds & de mains, la refolu-
tion du Concile de Tours, & d'E-
ftienne Pape efcriuant à Luitbert E-
uefque de Maience, qu'il faut laiffer

Legis Lon-
gobard. tit.
de monoma.

e. vlt. de cle-
ric. pugn. in
duello.

Rubrica de
duello.

In fpeculo de
accufatione
§. Quid fi
accufatus.

Burchard. 6.
24.
Iuo epif. 280

les choses secretes & occultes au se-
cret & occulte iugement de Dieu, à
qui toutes choses sont manifestes, car
trop enquerre n'est pas bon, par telles preuues reprouuées & extraordi-
naires.

Pour ceste occasion les Roys des
Lombards n'ont gueres permis le
Duel auec autres armes que l'escu &
le baston pour estourdir plustost que
occire, les Loix Françoises, & les Capitulaires de Charlemagne l'ont ainsi
ordonné, les Iuges d'Orleans & de
Gastinois prononcerent que deux
tesmoins produits par les aduouez
de sainct Denis & de sainct Benoist
sur Loyre mettroient fin à leurs procés auec les escus & les bastons: ainsi
l'offrit Thierri Abbé de sainct Aubin
d'Angers à Aymeric Vicomte de
Touars, selon la loy des seculiers auec
l'escu & le baston: Estienne Champion de Guillaume fils d'Arnaud
Comte d'Angoulesme charmé par
vne sorciere, laquelle pour se purger
bailla vn champion nommé Guillaume, qui se battirent auec les targes
& bastons, nonobstant les charmes

Extra. de
cleric. pugn.
in duello. &
tit. de prob.
vulgari in
antiq. coll.

L.2.tit.50.
l.10. & 11.

L.4.c.23.
& 29.

Adeualdus
c.25.l.1.
supra.

Chronicon.
Angolis-
mense.

& enchantemens dont il auoit vsé,
fut estourdi de coups, & vaincu par
Estienne, qui auoit recouru à Dieu.
A ce propos, Oliuier Marchian escrit, *que quand vn homme a occis vn au-*
tre de beau fait, il peut venir demander la
franchise de Valenciēnes, qu'il veut main-
tenir à l'escu & au baston qu'il a fait le fait
de beaufait, & sur ce luy est accordée la frā-
chise, &c. C'est la forme du Duel des
champions à pié, que Pierre d'Orillac, la coustume de Normandie, & la
Somme Rural prescriuent vsitée entre les roturiers & villains , d'où est
venu le prouerbe, il a esté battu en vil-
lain, c'est à dire à coups de baston , &
ceste coustume de bataille a duré iusques au temps du Roy Louys XI. entre les roturiers seulement.

Car les Nobles & Cheualliers se
battoient à cheual bien armez & é-
quipez comme les Histoires, les Ro-
mans, les exemples cy-deuant ramenez, l'ordonnáce de Philippes le Bel,
les practiciens & formulaires , & la
sentence du Connestable Boulenois
tesmoignent.

Quant à ce que l'on nous bat d'e-

Chap. 68.
76. & 124.

Annale du
temps, & le
sieur Fau-
chet, des
Cheualiers.
chap. 1.
supra.
Ordonnan-
ce de Philip-
pé IV. Pet.
de Aurillia-
co. Brollius
tit. 16.
De feudis l.
1. tit. 1.
M. Bouteiller
en la somme
Rural.

xemples pour l'approbation & affir-
matiue du combat en Duel signamment du Pape Martin I V. que la
Chronique de Montfort Martin Po-
lonois, Alciat, Hotoman, & les mo-
dernes mettent en ieu pour monstrer
qu'il a ordonné le Duel d'entre Charles Roy de Sicile, & Pierre Roy d'Arragon, & iugé le deffaut contre le ROY
d'Arragõ, & pour le profit mis son
Royaume en proye: ores qu'il est tres-
perilleux de regler nos actiõs par exẽ-
ples, plustost que par raisõs: toutesfois
ceste histoire est mal entendue, car il
est certain qu'apres le Duel offert par
Pierre d'Arragon, & accepté par le
Roy de Sicile, escriuant au Roy
Philippes son neueu de luy faire fa-
briquer cent paires d'armes comple-
tes par les meilleurs maistres armu-
riers de Paris, le Pape luy enuoya vn
mandat portant deffenses de se battre en Duel sur peine d'anatheme &
excommunication, ainsi que Nangius faict foy, auquel ie renuoye ceux
qui m'ont serui de cest exemple pour
auorter mon dessein, & aux grandes
Chroniques en ces mots, *le Roy Char-*

*Alciatus de
singul certa-
mine c.3.§.5
Hotoman. de
feudis.c. 45.
Vinier en sa
Biblioteque.
1283.*

*In Chronico
A.C. 1283.*

les bailla sa terre en garde au Prince de Grandes Chroniques en la vie de Philippe le Hardy. Salernes son fils, & au Comte d'Artois, si s'en vint droit à Rome, le Pape le blasma moult fermement de celle besongne qu'il auoit entreprise, & les Cardinaux luy monstrerent bien qu'il pouuoit bien la chose laisser, & coniure les Historiens par l'hōneur de la verité, de ne point croire que ce Pape de tref-bonne vie eut aucune veine qui tendit au Duel, ayant auparauant & depuis ietté ses foudres contre le Roy d'Arragon pour auoir enuahi le Royaume de Sicile, pendāt que Charles de France faisoit guerre mortelle aux Sarrazins, & auoit mis son Royaume d'Arragon en interdit pour sa desobeyssance & mespris de ses enhortemens paternels.

Puis qu'il est ainsi que ces cōbats le-gitimes fōdez és loix Salique & Gō- Cy dessus p. bette, Capitulaires de nos Roys, loix des Lōbards dont nos Rois sont au-theurs, Ordonnances & Edicts, Ar-rests, long vsage & commune obser-uance practiquée par toutes person-nes, & de tous ordres, ont esté reiet-tez, condamnez & abolis, comme contraires à la charité Chrestienne, aux Conciles, sainꞩts Decrets, & à la nature mesmes.

Combien à plus forts termes doiuent estre forbannis & chassez bien loing de la societé humaine, ces duels sanglans barbares, & illegitimes qui ont eu cours, & donné subieꞩt à la iuste rigueur de ce nouuel Ediꞩt.

De l'an 1609. en Iuing.

Le rapport & conference des deux, fera iuger que les vns doiuent plustost mille fois estre condamnez, que les autres: puis que ceux là se faisoient de la permission & adueu du Roy; ceux-cy sans congé ny licence de sa Majesté: ceux là suiuant les loix, qui les ordonnoient; ceux-cy contre les ordonnances, qui les prohibent:

Brollius, Gallus.

ceux-là se faisoient de l'ordonnance de la Cour de Parlement; ceux-cy au mespris de ses arrests : ceux-là en la

Gallus, Bouteiller, Ediꞩt de Philippes IV. 1306.

presence du Roy, du Conneꞩtable, des Mareschaux de France, & maistres de camp, à la veuë de tous les peuples; ceux-cy à la desrobée, à cachette, & au desceu de tout le monde, & parfois auec supercherie : ceux-là en champ clos, & dans les lices, auec tentes & pauillons ; ceux-cy où bon

sembloit

sembloit aux appellans: ceux-là, auec
des parreins & gardes du champ clos;
ceux-cy auec des lacquais & valets
de pié: ceux-là auec sermens solemnels prestez dés l'entrée du champ
par les champions és mains des Prestres, & par trois fois reïterez, auant
que de venir aux mains; ceux-cy sans
ceremonie, sans foy, sans serment,
sans crainte de Dieu à la desesperée;
en ceux-là les combattans attendoient la voix du Heraut auant que
se battre à outrance; en ceux-cy tran-
sportez de rage, on n'a pas si tost l'espée au poing, qu'à corps perdu l'on
court à la mort & au carnage: en ceux
là ils estoient armez de toutes pieces,
bien montez auec le iauelot & l'espée:
en ceux-cy, à pié, sans pourpoint, en
chemise, auec l'espée & la dague, &
bien souuent auec l'espée seule : en
ceux-là, le iet du gan ou du baston ar-
restoit tout court les combattans; en
ceux-cy n'y a arrest ny retenue, l'honneur y seroit engagé si l'vn ou l'autre
n'estoit blessé à bon escient, ne demã-
doit la vie, ou quittoit les armes : en
ceux-là y auoit gage de bataille, de-

E

mande, defense, semi-preuue contre le
deffendeur, accusé d'vn delict graue,
auquel efcheoit peine de mort, iugement & arreft; en ceux-cy côtre toute loy & apparence de raifon, l'on e-
ftoit partie, tefmoin, iuge, bourreau
de fa paffion, & en fa propre caufe.

Si nos Rois de bonne memoire
font à bon droict louangez d'auoir
abrogé l'vfage de ces Duels, combien eft louable la treffainéte aétion
de noftre grand Roy, d'auoir eftan-
ché le fang genereux de fa Nobleffe,
& de fes fubiects qui fe refpandoit li-
centieufement en toute la France par
le desbordement de ces Duels impi-
teux, cruels & fanglans, montez au
plus haut degré de brutalité, fans re-
fpeét de fa Majefté, de fon Louure,
ny de fa ville de Paris, où les Duels
eftoient plus frequens & ordinaires
qu'en nul endroit du Royaume, en
laquelle iadis n'eftoit loifible à fes
fubiects, d'vfer de droit de guerre, ny
de fe venger de leurs querelles, comme eftant le feiour des Rois, le ma-
noir de la Iuftice, & la Capitale Ville

S. prap. 63.

C. Molinæus
tit. 16. Stili
Curiæ.
Les Sieurs
de la Noue
Et de la
Taille.

Lex Longo
bard. l. 1. tit.
2. l. 3. & 4.

du Royaume. C'eſt pourquoy la
Cour de Parlement luy a donné le
nom de Ville de paix par ſa commiſ-
ſion du 26. de Mars 1344.

Rien n'a tant ſignalé la ſainctete de
vie du Roy ſainct Louys remplie de
merueilles, que d'auoir aboli par ſes
ordonnances les duels & les défis, ç'a
eſté vn coup du Ciel, & vne grace
ſpeciale departie à ce ſainct perſon-
nage, ſes deuanciers s'y eſtoient fail-
lis, & n'y en a point qui ſe ſoit rendu
plus digne de receuoir ceſte faueur &
benediction de Dieu, les duels eſtoiét
frequents durant le regne de ſes pere
& aycul, & du ſien, le leuain des mau-
uaiſes intelligences qui eſtoient entre
les Princes, l'ambition, les partialitez
les fomentoient, les dementis, les e-
ſprits de contradiction, comme luy
meſme teſmoigne, en fin d'vn courage releué il humilia le cœur de ſes ſub-
jects, arracha les duels & les défis, &
en fit perdre la ſemence: ceux-là par
l'Edit du gage de bataille ; ceux-cy par
vne conſtitution qu'on appelle *la qua-*
rentaine du Roy, pour obuier aux grands
maux & inconueniens qui de iour en iour

E ij

*sourdoient & aduenoient au Royaume de
France, par les contreuengemens qui se
faisoient les vns contre les autres,* &c.
comme rapporte Monsieur Bouteiller. Les Rois Charles-Magne, Louys
le Debonnaire & Charles le Chauue,
Philippes Auguste, Louys VIII.
auoient si estroittement defendus &
prohibez en leurs Capitulaires & Ordonnances, mais le mal gaigna le dessus, & outrepassa les defenses, en sorte
que les Euesques furent contraints
de tenir plusieurs Conciles & Syno-
des, rechercher des remedes extraor-
dinaires, & faire cheoir vne epistre du
Ciel qui enioignoit de renouueller la
paix en France, & la charité Chrestienne, d'interdire tout port d'armes,
& les deffis, cela fit la paix entre les
Rois, Princes, Ducs, Comtes, & le
peuple de parauant partialisé, & pource qu'elle estoit enuoyee d'enhaut, elle estoit appellee TREVGA OU TRE-
VIA DEI, la treue de Dieu, qui fut d'assez longue durée, & iusques à ce que
ayant esté rompuë, elle fut derechef
renouée par la Confrairie de nostre
Dame du Puy, instituee soubs le nom

*Carol. Mag.
l.3.c.4.l.4.
27.ss.l.5.
134.
Glaber Ro-
dulphus l,4.
c.5.
Sigebertus
A.C. 1033.*

*Diploma Ste-
phani Regis
Anglorum
ad Hugonem
Roithomageñ
Archiepisc.
Fauchet des
Chevaliers
chap.1.*

de Maistre Guillaume Chapuis.

Nostre grand HENRY, engeance de
ce sainct Roy, & heritier de ceste benediction, ne veid iamais son nom
plus releué, son diademe plus esclatant, le bras de sa iustice plus redouté,
ny sa Majesté plus Auguste, sinon lors
qu'au milieu de ceste sacrée assemblée il resout l'Edict de la deffense du
combat en Duel, & des defis, & iura
solemnellement l'entretenement d'iceluy, s'estant reserué ce point de souueraineté de le permettre quand bon
luy sembleroit.

Nous voyons desia les plus courageux reuenir à eux & d'vn sens rassis
condamner leurs actions passées, &
auoüer que le Roy a bien faict : nous
auons veu des caualliers d'armes &
de loix mettre la main à la plume, recercher les remedes pour les appliquer au mal qui pressoit, en sorte que
nous estions à la veille de veoir pis
que tous ces malheurs du temps iadis, n'estoit que sa Majesté a apporté
l'vnique remede à la maladie presque
deplorée qu'est la perte de la vie, de
l'honneur, & des biens, contre les

A Fontaine
bleau au
mois de Iuin
1609.

Arnaldus
priuilegio
19. Carol.
Molinæus
super glossa
Aufrerij c.
16 §. 6. &
in Ordinat.
Regius t it.
41.§.2

Les sieurs
de la Noüe
du Pressac,
de la Taille,
du Plex,
Cheuallier,
& autres.

E iij

infracteurs de son Edict sans espoir de
salut, ny de remissió; il y en a qui font
les mauuais garçons, & feignent d'en
estre courroucez, & en leurs ames en
sont bien ayses; d'autres qui font les
fendans, s'esleuent iusquesaux nuées,
mais l'apprehension d'estre attachez
honteusement par le bourreau en vn
gibet, les mains liées au derriere, &
pendus par les pieds, les arreste; i'ay
pour garent vn Seigneur d'honneur,
Cheuallier des deux ordres du Roy
& Comte de fort bonne maison, &
de bonnes mœurs, & de valeur, qui
m'a racompté que deux rodomons,
& des plus releuez de la Cour, s'estans
querellez à Rome & assigné le combat, du temps du Pape Sixte V. pour
la demesler auec l'espée & le poi-
gnard à la Françoise, ils se rendirent
au lieu assigné; mais sçachans qu'il y
auoit vne loy estroitement obseruée,
que quiconque mettroit la main à
l'espée pour se battre en duel mourroit
par l'espée d'vn bourreau; d'vn mu-
tuel accord deposerent leur espées &
poignards, & firét à coups de poings
& de piés, tant qu'ils furent hors d'ha-

leine, le Pape eut ce contentement
fortuit de les veoir, & instruict de leur
debat & combat, souhaita l'observan-
ce d'vne pareille loy en France pour
le bien & conseruation du Royaume
tres-Chrestien.

Les filles des Milesiens (ie ne sçay
par quel desastre) desuoyées de leur en-
tendement, s'ennuyoient de viure, se
pendoient & estrangloient secrette-
ment, les larmes de leurs peres & me-
res, la consolation de leurs amis, la
mort, ny la douleur ne seruoient de
rien, il n'y eut que la crainte d'infa-
mie & de deshonneur, qui seule peut
effacer de leurs ames ceste impression
& resuerie, ayant esté faict de l'aduis
d'vn prudhomme vn Edict, que s'il
aduenoit qu'il s'en pendist plus aucune, elle seroit portée toute nuë à la
veuë de tout le monde à trauers la
grande place. Cest Edict ne reprima
pas seulement pour vn peu, mais arresta du tout la fureur de ces filles qui
auoient enuie de mourir.

Vne pareille rage & terrible humeur saisit les esprits des Africains,
qui poussez d'vn zelle indiscret du

martyre, se precipitoient du haut en bas, couroient les grands chemins, & violentoient les passans de les tuer, disans qu'ils vouloient souffrir le martyre ; à laquelle rage on ne sçeut trouuer autre remede que de les declarer heretiques, comme tels les bánir de la communion & sepulture des Chrestiés Catholiques, & des suffrages de l'Eglise: ainsi contre leur attente, voyans que leur memoire ne seroit escrite *in dypticis*, ne annuellement honnorée, comme celle des autres martyrs, ce deshonneur fit refuir l'hóneur de ce martyre, & guerit ceste cótagion.

　　Sur ce subiect le docte & eloquent Pere S. Pierre de Rauenne, remarque que l'ennemy iuré des hommes, se doutant que nostre Saueur s'estoit faict homme pour sauuer l'homme, & subir le martyre, afin de l'anticiper, il le tenta par la vanité, luy suggerant de se ietter du pinacle du temple en bas ; c'est le mesme Conseil qu'il a donné à ces champions & martyrs d'honneur, leur conseillant de sortir hors l'Eglise, de courir à la mort cou-

rageufements ils aymoient leur honneur, les affinant par cefte douce a-
morce du poinct d'honneur. Pour *Melchior in Vvinsba- rium.*
donc leuer le mafque, & faire veoir
que c'eftoit vn faux honneur, qu'en
langue Theudefque l'on appelle Ere,
du Grec ἔρις, c'eft à dire la Déefse
Difcorde, il les a fallu retenir par la
honte & le deshonneur, d'eftre attachez par les pieds à vn gibet. Et do-
refnauant l'appellé, fon honneur fau- *Plutarque en fa vie. Alciatus de Duello x. 27*
ue, pourra dire à l'appellant auec C.
Marius prouoqué en duel par vn
Teuton, fi tu as enuie de mourir va te
faire pendre.

Vn loup ainfi attaché & fufpendu
à vn arbre chaffe les loups, vn cor-
beau pendu dans vn champ femé fert
d'efpouuentail pour effrayer les autres. Ie ne fuis point marri de la loy,
mais ie fuis marri que nous l'ayons
meritée, fa Majefté a efté aux efcou-
tes long temps, attendant noftre a-
mandement, voyant que fon indul-
gence & impunité empiroit le mal,
elle s'eft en fin refoluë d'eftancher le
fang par le fang, d'expier le deshonneur de la France par ce deshonneur

& retrenchet le Duel par le trenchant
de l'espée d'vn bourreau; c'a esté
l'extreme remede que les Papes ont
trouué à ce mal pour le bannir de
Rome & de l'Italie, & l'ont ióint aux
excommuniemens; il faut le fer à ceste gangrene, les Rois d'Espagne,
d'Angleterre, les Republiques de Ve-
nise, & des Suisses le traittent de la fa-
çon, le Turc mesmes, & les nations
les plus estranges; c'est le commandement de Dieu, & l'Edict de Philippes
le Bel, qui punit les combattans ħ
Duel, comme seditieux & perturbateurs du repos & tranquillité publique, & l'arrest du Parlement du 26.
Iuin 1599.

Ie sçay qu'on se targue de l'humeur
Françoise causee par les influences,
mais quelle folle follie de cracher
contre le Ciel, de s'excuser sur la pla-
nete de Mars, tenu pour hargneux,
vindicatif, & querelleux, mis entre les
mauuais Dieux, comme perturba-
teur du repos public, chassé hors l'en-
clos des villes, qui se baigne & repaist
du sang humain, & des sacrifices sanglans, & luy en immoler encore se Si

Exodi xxi.
de l'an 1303

Supra Som-
nium viri-
darij l. 1.c.
109.

Plutarque
numismata.

Festus in
Mamertini
Iordan. de
verb. Get c.

Vitruuius de
Architect.
l. 1.c. vlt.

nos Gaulois payens ont esté blasmez par les payens d'auoir sacrifié des hõ-mes, si les Peres & les Historiens les ont notez, d'en auoir immolé à Mars apres estre Chrestiens, combien sont blasmables les François tres-Chre-stiens d'auoir par le Duel immolé vn nombre innombrable de Chrestiens à l'idole de Mars, qui preside aux Duels & aux arenes.

Les Gaulois immoloient vne fois l'an des plus scelerats & confits en toutes meschancetez hosties, expia-toires, à raison dequoy ils ont encou-ru ce blasme, quelle honte aux Fran-çois d'auoir sacrifié à Mars le sang le plus pur, voire, des plus espurez & courageux, & en grand nombre?

Nos François tres-Chrestiens peu-uent-ils releuer d'autre Mars, que de celuy qui a daigné s'armer de nostre humanité, pour combattre en Duel le diable & la mort, qu'il a vaincus au champ clos d'Oliuet au prix de son sang, respandu iusques à la derniere goutte, pour estancher ces sacrifices sanglans & nous donner sa paix, qu'il soit donc nostre Mars Gaulois, que

Cicero pro Fonteio T. Liuius, Plu-tarque de la superstition. Procopius, & S. Enno-dius supra.

Tertull. de spectac. Sal-uian. l. 6

Petronius, & ex eo. Seruius, ad hæc Virgil. Auri sacra fames l. 3. Æneid. Hist. S. Tro-phymi. Geruasius Tilleberien-sis ms.

Vet. inter-pres S. Pauli Parabolatus est vitam. &c.

ſes influences ſoient ſes volontez, eſ-
quelles nous deuons conformer les
noſtres , comme eſtans ſes fidelles
creatures; C'eſt le Mars dominât qui
domine ſur l'aſtre de Mars , & doit
dominer ſur les plus Martiaux & courageux Chreſtiens, & ſur les Frãçois
treſ-Chreſtiens , eſtans de ſon ſainct
nom, nos Rois dicts treſ Chreſtiens,
nos Reynes treſ-Chreſtiennes , leur
Royaume treſ-Chreſtien , les Regni-
coles treſ-Chreſtiens ; nous ne pou-
uons ny ne deuons releuer d'autre
que de ce Chriſt, autrement ce ſeroit
mettre noſtre foy en compromis, &
ce beau tiltre d'honneur en commiſe,
ſi nous n'entreteniõs la charité Chre-
ſtienne parmi nous , qu'il a daigné
nous recommander tant de fois , ſi-
gnamment par ſon teſtament ſigné
de ſon propre ſang.

Si nos premiers Chreſtiens auoient
le ſang humain en telle horreur qu'ils
ſ'abſtenoient des ſpectacles & ieux
des gladiateurs, meſmes du ſang des
animaux, des boudins, & de la chair,
nous qui ſommes treſ-Chreſtiens, de
quel front oſerons nous porter ce

Hiſtor. S.
Arnulphi. c.
2. S. Remi-
gius in teſta-
mento ſuo.
Agathias. l.
1. Turpinus
c. 10. Ber-
trandus
Cardinalis
contra Petrũ
de Cugne-
rijs.

Tertull. de
Spectac. &
in Apologet.

Idem in A-
pologet. Cle-
mens Alex.
Pedag. l. 3 c.
3. Minutius
in Octauio.

tiltre, neantmoings bourfouflez d'orgueil & de rage, ne rien refpirer, qu'i-
nimitiez, querelles, démentis, iniures, fimultez, paroles altieres, vengeã-
ce, & qui pis eft pour l'affouuir , s'a-
charner les vns contre les autres, bai-
gner nos efpées & nos mains dans le
fang des Chreftiens, inhumanité plus
que barbare, & laquelle nos anciens
Gaulois ont abhorrée lors qu'ils vi-
uoient aueugles en cefte loufche anti-
quité du paganifme non encores ef-
clairez de la lumiere de la foy, ils ab-
horroient tant le Duel entr'eux, qu'à
peine en trouuera-ton vn feul exemple, & defiroient fi fort de combattre
leurs ennemis, à guerre ouuerte, en
combat fingulier, ou en bataille ren-
gée, qu'ils deflogeoient à la prime-
vere, alloient au loing à la conquefte
des Royaumes & des Prouinces, de
peur d'enfanglanter leurs mains du
fang de leur compatriotes; & donnoient aux preux & vaillans conquerans les terres & Seigneuries des veincus, que l'on appelloit terre Salique.

Les Efpagnols au contraire qui
prattiquoient les Duels furieufement

Le fieur de
la Noue, di-
fcours 12.

Straabo.l.4.

Legis Salica
tit.62 P.
Pithæus
ibid,]

Liuius l.28 de Corbe & Orsua. entr'eux, qui ne vouloient autre des hommes ny des Dieux, pour iuge de leurs differents que Mars, qui mefme-ment Chriftianifez exerçoiét cruau-té contre leurs propres enfans quand ils en auoient nombre, aymás mieux eftre infanticides que fouffreteux, & incommodez en leurs biens, fe font

Concilij To-letani. III. c. 17. legis Go-thor. l. 6. tit. 3. Era. 7 fevrez de cefte inhumanité lors qu'ils font allez aux conqueftes, font gueris de ce mal d'ailleurs incurable fi on ne l'euft diuerti, de cazaniers & duel-lions font deuenus conquerans; & les François fe font aguerris, & armez contr'eux mefmes pour n'eftre allez guerroyer en pays loingtain, & cer-cher nouuelles marches, fe rendans par ce moyen defnaturez, & les Efpa-gnols naturalifez.

Cicero de Republ. & alijs p ßim. Car quiconque fe bat en Duel eft ennemy de nature, laquelle nous faict naiftre pour nous entrecherir, & en-tre-ayder, non pour nous hayr & des-faire; pour prolonger & non pour ad-uancer nos iours ; pour nous main-tenir, & non pour nous meur-trir.

Exodi c.21. L'auteur de nature a defendu le

Duel en mots exprés, *si deux hommes se combatient,* & ce que s'enfuit, felon l'interpretation des feptante fuiuye par fainct Auguftin; ceux qui fe bat-tent encourent le crime de diuine Majefté lefee; noftre facteur, qui nous a faits & refaits fans nous, ne permet de nous desfaire fans luy, il faut at-tendre qu'il nous adiourne pour cō-paroir deuant fa tribune, ils font cri-mineux de lefe Majefté humaine at-tentans au poinct de fouueraineté, il n'y a que le Roy qui ayt droict de glaiue, viuans foubs fes loix, il ne leur eft permis de faire Iuftice par leurs mains, ny prendre d'auctorité priuée par Duel, la reparation des iniures & outrages qu'ils pretendent auoir receu; ains il fe faut pouruoir parde-uant les Iuges ordinaires fur peine du crime de lefe Majefté, confifcation de corps & de biens, violateurs de la loy Euangelique, qui commande e-ftroittement de cherir fon prochain comme foy-mefme, d'aymer fes en-nemis, de ne tenter D▓, de ne tuer, de faict, de parole, ny de volonté, de pardonner les offenfes; refractaires

ἐὰν δὲ μά-χωνται δύο ἄνδρες. LXX.

Lib. 2 queft. c. 80. in Exod.

Arreft du 26. Iuin 1599. Marc-quifius l. 4 Chronic.

Lucæ 10. Matthæi 4. D. Hieroni-mus contra Ruffinum. Math. 6 Marci 11.

aux loix humaines, qui nous lient, quand elles sont conformes à la raison, notamment quand elles sont faictes par des Empereurs Chrestiens, comme celles du Duel & des gladiateurs par Constantin le Grand, & Honorius qui par le martyre de Telemachus tué par le peuple Romain & par les combattâs en Duel s'estant ietté à la trauerse pour les separer, mit heureuse fin aux Duels; desobeyssans aux saints decrets aux Conciles de Tours, Valence, Latran, & de Trente, & aux constitutions des Papes outre celles de Iules II. Leon X. Clement VII. Pie IIII. Gregoire XIII. & Clement VIII. faictes au modele de celles de Nicolas I. escrites à nos Roys Charles & Chlotaire qui rapportent celles de ses predecesseurs Papes, comme aussi à ce propos Geofroy Abbé de Vendosme, que les pretendus reformez trouuent bonnes.

Bref, ils sont rebelles aux ordonnâces de nos Ro[i]sainct Louys, Philippe le Bel, Charles V. Charles VI. Héry II. Henry III. & de nostre Grand Henry,

C.de gladiatorib.l.11

Theodoritus l.5.c.26. Nicephorus l.13.c.1.hist. Ecclesiast. A.C.399. Hermannus Contract. Sigebert. A. C. 400.

Bullarium, Bulla Clement. VIII.

Supra.

Le sieur de la Noue en son 12. discours.

Voyez cy-dessus. L'an 1557. art.1.à Blois art. 194.au

Henry, & aux arrests de leurs Cours
de Parlement.

Relegons de grace tous les vices à
vn perpetuel exil, & reprenons les er-
res du beau naturel des François,
qu'estoit d'estre, courtois, ciuils, ho-
spitalliers, de chairir & affectionner
tous, & sur tous ceux de leur nation;
ceste affection leur a esté si naturelle
que mesmes les Saxons reputez les
plus barbares d'entre eux, faicts pri-
sonniers de guerre par les Romains,
qui les vouloient produire aux am-
phiteatres & aux arenes pour auoir
l'esbattement de les faire entretuer,
aymerent mieux se tuer de leurs propres mains, que de les souiller dans le
sang de leurs compatriotes, & de ser-
uir de joüet au peuple Romain.

Ne soyons donc si desnaturez de
nous armer contre nous, de nous des-
faire par nous mesmes, car cest estat
d'ailleurs inuincible ne peut estre de-
struit que par ses propres forces; ains
soyons soucieux de reprendre les er-
res de ce beau naturel, de nous chairir
& honnorer, & n'auoir autre diffe-
rend que de veincre en affection, &

F

mesme Blois.
L'an 1602.
& l'an 1609
du 17. de
Ianuier 1598.
26. Iuin
1599. 7.
Iuin 1602.
& autr's.
Saluianus
lib. 7. de
prouident.
Nicolaus
Damascenus
de morib.
gentium.
Symmach.
l.2.e.42.

Tacitu. l.4.

en bons offices, de ne plus entrer aux
lices & aux combats pour nous ef-
gorger, de refrener la cholere & l'im-
patience Françoife, de raualler l'orgueil, d'exorcifer l'efprit de vengeance & le chaffer bien loing, pour n'e-
ftre plus le jouet & la rifée des peuples
voifins, qui pour cefte caufe nous
blafment d'eftre fols & infenfez, de
courir ainfi à la mort, laquelle court
vers nous a-helans, & à quatre cheuaux fort legers & tref-viftes par di-
uerfes voyes, comme repartit Augu-
fte à Marc Anthoine qui l'auoit défié
en Duel.

Ce mefpris de la mort a faict dire à
Ariftote de nos Gaulois qu'ils eftoiét
forcenez & enragez, mais à fa confu-
fion; car partifan de la nature, il ne
croyoit l'immortalité de l'ame, que
eux croyoient inftruits de leurs Drui-
des & Euages, ce tiltre neantmoings
leur eft demeuré affez long temps, &
l'Apoftre s'en eft ferui quand il les
blafme d'eftre mefcreans, peu fermes
en la foy Chreftienne, ou retifs de s'y
renger. Combien ont plus de fubiect
nos Apoftres François de nous bla-

L.3.Ethic.
c.7.

Am. Mar-
cellinus l.15
Ad Galatas
3. D. Hiero
nim. ibid.l 2
Comment.
Il. Firmic.
l.1.Mathef.
c.1. & vlt.

sonner de ce tiltre d'insensez , puis
que nous descroyons l'immortalité
de l'ame, ou si nous la croyons nous
n'auons cure d'elle, ny de nostre creã-
ce, à laquelle nous renonçons & re-
courons au diable, voire plus que de-
sesperez & enragez courons à toute
bride à la mort corporelle & eternelle par ces combats inhumains, barbares & diaboliques.

Arriere Duels, arriere follies, ra-
massons nos esprits esgarez & reue-
nons à nous, il y a trop de sang respã-
du qui crie vengeance au Cieux, & les
vertus des cieux reclament la diuine
Maiesté quand les hommes tuent
leurs semblables sans cause legitime;
c'est la doctrine de ce grand Philoso-
phe Hermogenes conforme à la loy
des Chrestiens qui passe outre, defend le meurtre absoluement; vne
synderese bourelle les ames des
meurtriers, vn obiect afreux de la re-
presentation des meurtris les effraye,
leurs Genies les tourmentent & mettent en inquietude, vne furie vengeresse du sang de ceux qu'ils ont faict
mourir est attachée à leur col, brefles

---

*Hermogenes
in lib. qui
secretum, se-
cretor dici-
tur.*

*Petrus de
Aureliaco
rub. de
duello.*

*Am. Mar-
cellin. de
Nemesi. l.
14. in fine.
Plutarque
en la vie de
Marius.*

veincueurs sont veincus à la ruyne
de leurs corps & de leurs biens, & à
la desolation de deux familles.

Trois & quatre fois soit beny le
sainct nom de Dieu de ce qu'il a armé le bras de nostre Dauid choisi de
sa diuine bonté, & Roy selon son
cœur, qui a lancé le coup si dextrement à ce Goliath, qu'en Duel il a
veincu le Duel, & comme vn autre
Hercule François a tué le monstre de
ce fier Sanglier qui a gasté la vigne
de Dieu, en quoy il s'est surmonté
soy-mesme, & en tout tous autres
Rois. Dieu luy doint autant d'années
qu'il en a acquises à ses subiects par
ce Duel triomphant & victorieux,
Amen.

Au Lecteur.

L'Edict du Roy a faict esclorre ce discours contre les Duels, & l'estime que l'on a faict de celuy de Philippe le Bel, sur l'eschantillon iugeant de la piece entiere, me le fait donner entier au public par l'obligation particuliere que i'en ay au sieur Ferrier, Receueur General des Decimes, personnage curieux, frere Germain de Theode renommé ingenieux, qui a frayé & ramolly le fer & le cuiure, & les a mis merueilleusement en œuure, dont il a merité d'estre mis dãs l'œuure d'or du sieur d'Aurat. Ne desprisez donc l'Edict entier, que tant de gallans hommes ont estimé, mesmes ceux qui n'en ayans veu que la preface, l'ont daigné cercher dans les registres du Parlement, tant pour la restituer du Latin en sa naïueté, & la faire parler François, que pour l'attirer de l'iniure dũ

F iij

temps. Ce qu'ils ont prisé en detail, prisez
le dest alé en gros & defferez au iugement
aduantageux qu'ils en ont fait, ainsi que
vous apprendrez par la suite de leurs tesmoignages.

TESMOIGNAGES DE
L'EDICT DE PHILIP-
pes le Bel.

Ioannes Faber in institutionibus de hæ-
reditat. quæ ab intestato deferun-
tur §. per contrarium.

PER Statuta Regis Franciæ, tollera-
tur in omni casu cuius pœna est
mors, excepto furto, quando cri-
men est ita occultum, quod non po-
test probari per testes, & est presumptio contra reum, talis quod possit supponi quæstio-
nibus, si accusator hoc requireret, alias non
permittitur, & super hoc sunt Statuta Regis
Philippi Pulchri &c.

Guillelmus de Brollio, in stilo curiæ Par-
lamenti cap. 16. de Duello.

PRo euidentia huius materiæ sequitur te-
nor literæ Regiæ super facto Duelli per
modum ordinationis emanatæ, *Philippe par*
la grace de Dieu Roy de France, à tous ceux qui ces
lettres verront, Salut, &c.

*Ioannes Gallus in Senatu Parisiensi Ad-
uocatus Regius, quæst. 90.*

QVinco quod commodum ex hoc po-
test reportare pars appellans, quod ex
hoc adiudicaretur duellum, non quia hoc esset nouum adiudicandi duellum, quod esset
contra omnia iura mundi, consuetudinem &
ordinationem Regis Philippi Pulchri, quod
pro confesso haberet pars appellata, non quia
negauit proposita per partem suam aduersam
fore vera & se defendere &c.

*Stephanus Aufrerius Officialis Lucionen-
sis & Præses Tholosanus, in stilo
curiæ cap. de Duello.*

NEc aliqua lex principalis posset facere
licitum duellum, quia est contra legem
Dei, idcirco B. Ludouicus Rex Francorum illud omnino prohibuit. Et post eum Philippus
Pulcher, qui tamen illud in certis casibus po-
stea permisit, sicut supra visum est.

*Guido Papa Senator Grationopoli-
tanus quæst. 617.*

DIxi plenè supra quæst. 191. de diffida-
mentis quæ quandoque nobiles inter
se faciunt, sed quia etiam inter nobiles & ma-
gnates quandoque Duellum fieri contingit,

Ideo de ipsius Duelli materia hic duxi plenè
tractare, & pro oculis materiæ euidentia, duxi
primo hic inferendum quoddam rescriptum
per Regem Philippum super facto dicti duelli dudum concessum tenoris sequentis, *Philippe par la grace de Dieu Roy de France &c.*

*Andreas Alciatus I. C. de singulari
certamine. cap. 4. §. 4.*

CÆterum neque à Longobardorum le-
gibus Gallorum consuetudo multum
dissidet, apud eos enim hæc Philippi Pulchri
constitutio etiam non extat, si quis occulti
criminis capitalisque reus sit, atque ita de eo
constet, vt quæstioni subjici possit, condem-
nari non possit, is arbitratu accusatoris Duello experiatur, quæ lex summa ratione nititur
nam cum iure ciuili existentibus solùm indi-
cijs torqueri equuleoque alligari reus debeat,
si accusator cui alioquin talionis pœna sub-
eunda esset malit etiam per Duelli quæstio-
nem rei veritatem patefieri, audiendus est.
Non solet autem in Gallia aliter ius mono-
machiæ à Rege vel his qui illi à Concilio sunt
permitti quam ex Philippi constitutione,
quod si quis temere alium prouocauerit eum
malè mulctant.

*Socinus Nepos Patricius Senensis. 2. vo-
lum. Consilior. num. 9.*

ET inuenio quod alias Christianissimus Rex Philippus tempore suo in materia Duelli in Gallia, tunc multum frequentari edidit, quoddam Regium rescribtum, in quo talis consuetudo restringebatur, ad casum quando quatuor simul coniuncta concurrerent. Primo quando delictum cotra aliquem propositum poenam mortis requirat. Secundo quando conditionaliter & in occulto id factum proponatur, & taliter quod per testes, vel alias legitime & sufficienter probari non possit. Tertio quando qui accusatur, & ad Duellum ea de causa prouocatur per praesumptiones vel iudicia verosimilia de tali delicto suspectus habeatur. Quarto, quando euidenter appareat tale delictum, de quo ille accusatur, & propter quod ad Duellum prouocatur vere contigisse & commissum fuisse &c.

Carolus Molinaeus I. C. scholijs in stilum curiae Parlamenti cap. 16 §. 1.

Philippe] scilicet Pulcher, qui tribus annis ante hanc constit. Duella prorsus prohibuerat, vt infra de constit. tit. 42. constit. 1. Sed paulo post ad maiora mala vitanda, regno nondum satis pacato, coactus fuit per hanc constitutionem tolerare, sed simplici (vt lupanaria) permissione, non est enim lex approbatiua, sed (quantum tunc potuit) coercitiua Duellorum, quae temporibus nostris ex

leuioribus cauſis admitti pluries in hoc regno vidimus. Reliquię ſunt ethnicę barbariei.
Hæc Conſtitutio in omnibus ſtilis impreſ-
ſis, habebatur in Latino non ſolum in dictio-
ne barbaro, ſed in ſenſu corrupto, vt facile
ſit conjicere nunquam fuiſſe Latinam edi-
tam, ſed Gallice, Gallicamque inuenimus in
regeſto curiæ, & apud Guido Papæ. q. Del-
phi 617. Vnde nos eam natiuo ſuo, & patrio
temporis ſui Gallico ſermoni, in qua nata &
edita eſt, exacte, nec apice quidem addito
vel omiſſo reſtituimus, vt ſequitur.

Idem in ſcholijs ad ordinationes Re-
gias tit. 42. §. 1.

DVellum] ſed idem Rex poſt tres annos
coactus eſt tempori & conſuetudini
cedere, aliam conſtitutionem edendo, quam
natiuæ ſuæ integritati reſtitui ſupra in ſtilo
Parla. ca. 16. §. 1.

Franciſcus Hotomanus I. C. de Feu-
dis cap. 45.

ET de Gallia noſtra extat Philippi (Vale- *Imo Pulchri.*
ſij) Franco-Gallorum Regis conſtitutio,
edita, an. 1306. quam Guido Papius in de-
ciſiones Gratianopolitanas retulit cap. 616.
vbi Duellum in Gallia certis caſibus quos

posterius ostendemus, permittit, quam constitutionem idem Latine reddidit. eodem cap.
& iterum lib.3. commentarij feudor.

Chopinus de Demanio l.3.tit.26.num.16.

*François Ragniol I. C. liure 7. des droicts
Seigneuriaux au gage de ba-
taille.*

EDICT DE PHILIPPE LE BEL.

PHILIPPE par la grace de Dieu Roy de France, A tous ceux qui ces presentes lettres verrōt, Salut. Sçauoir faisons, que commença en arriere pour le commun prousit de nostre Royaume, nous eussions deffendu generalement à tous nos subiects toutes manieres de guerres, & tous gaiges de batailles, dont plusieurs malfaicteurs se sont auancez par la force de leur corps & faux engins, à faire homicides, trahisons, & tous autres malefices, griefs & excès, pource que quand il les auoient faits couuertement & en repos, ils ne pouuoient estre conuaincu par tesmoins, dont par ainxin le mallefice se tenoit: & pource que nous en auons faict, est pour le commun prousit & salut de nostredit Royaume, mais

pour oster aux mauuais dessusdits
cause de malefice, Nous auons nostre defense dessusdicte attrempee par
ainsi, que là où il apperra euidemmēt
homicide ou trahison ou autres griefs
violences ou malefices, excepté de
larrecin, parquoy peine de mort se
deust ensuir secretemēt ou en repos,
ce que celuy qui l'auroit faict n'en
peust estre conuaincu par tesmoin ou
autre maniere souffisant. Nous voulons que en defaut d'autre poinct, celuy ou ceux qui par indices ou pre-
sumptions semblables à vérité pour
auoir ce faict, soiēt de tels faicts soupçonnez, appellez & citez à gaige de
bataille, & souffreront quand a ces
cas les gaiges de bataille auoir lieu: Et
pource que à celle iustice tant seulement nous attrempōs nostre deffense dessusdite és lieux & és termes esquels les gaiges de bataille n'auoient
lieu deuant nostredite deffense, car
ce n'estoit mie nostre entention que
ceste deffense soit rappellee ne attré-
pee à nuls cas passez deuant ne appres
la date nosdites presentes lettres, desquelles condemnations & absolutiōs

ou enqueſtes ſoit fait, affin que on les
puiſſe iuger & abſoudre ou condamner, ainſi que le cas le requerra & cui-
demment s'appartiendra. Et en teſ-
moing de ce nous auons ces preſen-
tes faiẛ ſeeller de noſtre grand ſeel.
Donné à Paris le Mercredy l'an mil
ccc. & ſix.

Nota les quatre choſes qui appartiennent
deuant que gaige de bataille
puiſſe eſtre adiugé.

ET premierement nous voulons
& ordonnons qui ſoit choſe no-
taire certainement vident que le mallefice ſoit aduenu , & ce ſignifie l'acte
où il apperra cuidemmẽt homicide,
trahiſon, ou autre vray ſemblable malefice par cuidente ſuſpection.

La ſeconde eſt, que le cas ſoit tel
que mort naturelle en deuſt enſuir,
excepté cas de larrecin, à quoy gaige
n'eſchet point, & ſignifie la cauſe de
quoy peine de mort deuſt enſuir.

La tierce eſt, que nul ne peut eſtre
puny autrement que par voye de gaige, & ce ſignifie la cauſe en trahiſon

repofte, ficque celuy qui l'auroit fai-
te ne fe pourroit deffendre que par
fon corps.

La quarte, que celuy qui vouft appelle foit diffame du faict par indices
ou prefumptiõs femblables à verité,
& ce fignific la caufe des indices.

Comment le deffendeur fe vient prefenter
deuant le iuge fans eftre adiourné.

NOta que en gage de bataille tout
homme qui fe dit vray pour hõ-
nefte fe doit rendre & prefenter fans
adiournement fil le fçait, mais on luy
donne bien delay pour auoir fes amis
& fil ne vient fans adiournement fa
ja pource fon droict n'eft amendry,
ne fon honneur auancie.

Item voulons & ordonnons felon
le texte de nofdites lettres, que iaçoit
ce que en larrecin chiet penne de
mort, toutefvoyes en larrecin ne chiet
point gaige de bataille; fi comme il
eft contenu en la caufe de larrecin,
excepté &c.

Comment l'appellant prepofe fon cas deuant
le iuge de l'appellant.

Item

ITEM voulons & ordonnons que quand on propose vn cas de gaige de bataille, duquel penne de mort se deust ensuire, exepté larrecin côme dict est, il souffit que l'appellant die que l'appellé a faict faire le cas par luy où par aultre supposé que l'appellant ne nomme pas qui.

Item se le cas est supposé en generaux termes, comme de dire, Ie tel dis & vueil dire maintenir & soustenir que le tel à traitreusement tué ou faict tuer le tel, Nous voulons & ordonnons que telle proposition soit non souffisante & indigne de repôce, selon le stil de nostre Cour de Frâce, mais luy conuient declarer le lieu où le mallefice a esté faict, le temps & le iour de la personne du mort, ou de la trahison. Toutefuoies en telle condition pourroit estre l'information du malefice qui ne seroit ia besoing dire l'heure ne le iour qui pourroit estre trop occulte de sçauoir.

Item voulons & ordonnons que se le iuge ou combat contre les coustumes contenues en nosdites lettres, tout ce qui sera faict au côtraire pour-

G

ra eſtre appellé.

Item voulons & ordonnons que
le demandeur ou appellant doiue dire ou faire par vn Aduocat ſon propos deuant nous ou ſon Iuge competant contre ſa partie aduerſe, luy preſent: & ſe doiuent garder de dire choſe où il chee vilainie qui ne ſerue à ſa
querele ſeulement. Et doit conclurre
& requerir que ſi l'appellé ou deffendeur conteſſe les choſes par luy pro-
poſees eſtre vrayes, qui ſoit condam-
né à auoir forfait, & confiſquez corps
& biens à nous, ou eſtre puny de telle
peine comme droict & Couſtume &
matiere requiert. Et ſe ledit appellé
ou deffendeur le nie, alors ledit appel-
lãt doit dire qui ne le pourroit prouuer par temoings ne aultrement que
par ſon corps côtre le ſien, ou par ſon
aduoué en champ clos côme gentil
homme & preudhomme doibt faire
en noſtre preſence, comme leur Iuge
& Prince ſouuerain, & alors doibt
ietter ſon gaige de bataille & puis faire
retenuë de côſeil d'armes, de cheuaux
& de toutes aultres choſes neceſſaires
& conuenables à gaige de bataille, &

que en tel cas selon la noblesse & con
dition de luy appartiét auecques toutes les protestations qui s'ensuiuent.
Lesquelles protestatiós, appellations
& ordonnances seront enregistrées
pour iuger sil y aura gaige ou non.

Et premier, dira, Tres-excellent &
puissant Prince, & nostre souuerain
Seigneur, ou s'ils ne sont du Royaume de France, en lieu de Souuerain
Seigneur, dirót, Et nostre Iuge competant pour donner plus bref fin aux
choses que i'ay dites, Que ie proteste
&retiés que paroialle exoine de mon
corps, ie puisse auoir vn Gentilhomme pour celuy iour mon aduouë qui
en ma presence si ie puis ou en mon
absence, à l'aide de Dieu & de nostre
Dame fera son loyal deuoir à mes perils cousts & despés, comme raison est
toutes les fois & quantesfois qui vous
plaira. Et semblablement d'armes &
de cheuaux comme ma propre personne, & ainsi comme à tels cas s'appartient.

ITem Voulons & ordonnons que
le deffendeur, sil veult, puisse dire
au contraire sur ses perils , & requerir

les iniures par l'appellant dictes à luy
eſtre amendées , de telle amende &
peine que deuroit porter s'il auoit fait
les choſes deſſuſdites, & que ledit appellant, ſauue l'honneur de noſtre
Maieſté, ou de ſon Iuge competant,
à faulcement & mauuaiſement menti , & comme faulx & mauuais qu'il
eſt de ce dire, Et s'en defendra, à l'aide
de noſtre Dame, par ſon corps ou de
ſon adurne. Cellant toute loyale exo-
nie s'il eſt dict & iugé que gaige de bataille y ſoit, ou lieu iour & place que
par le Roy comme leur ſouuerain &
vray Iuge ſera ordóné Et alors doibt
leuer & prendre le gaige de terre, &
puis faire ſes proteſtations deſuſdites
Et requerir ſon dauouë en cas de
loyalle exoine, demander & faire retenuë de conſeil d'armes & de cheuaulx , & de toutes aultres choſes neceſſaires & conuenables à gaige de
bataille ſelon la nobleſſe, & códition
de luy, & le ſurplus ainſi que dict eſt,
lequel les parolles & deffenſes eſcrip-
tes. Voulons & ordónons que ſoient
ſemblablement eſcrites & regiſtrées
pour ſcauoir s'il y aura gaige ou non.

Et pour l'amender l'vn à l'autre selon
que iustice requerra, Et pource chacun d'eux iurera & promettra, s'obli-
gera de comparoir au iour heure &
place à eux assignés, tant à la iournée
de sçauoir se gaige y sera, côme celle
de la bataille se bataille y eschera selô
l'information de leur procés, lequel
sera bien veu & seurement regardé
par notables & preudhommes, clercs
cheualiers & escuyers, sans faueur de
nulli, léquel gaige ou non sera deuant
eux adiugé au iour & place comme
dict est, sur la peine d'estre reputé
pour recreant & conuaincu, celuy à
qui la faute sera, & outre ce voulons
qu'ils soient arrestez, si ne donnent
bons & souffisant pleges de ne partir
sans nostre congié.

Comment l'vne des parties se part sans con-
gé, & est pris de par le Roy.

IT E M voulons & ordonnons que
se aucune des parties se part sans
congé de nostre Cour, apres les gaiges iettez & receuz, sans nostre congié, iceluy partant voulôs & ordon-

G iij

nons qui soit tenu & prononcé pour
conuaincu & recreant.

Item, & pource qu'il est de coustume que l'appellant & deffendant entrent en champ, portant auecques
eux toutes les armeures desquelles
ils entendent offendre l'vn l'autre, &
eux deffendre, partāt de leurs hostels
à cheual, eux & leurs cheuaux, houf-
fes & tenicles, & paremens de leurs
armes, & visieres baiffees, les escus ou
col, les glaiues ou poing, les espees &
daigues ceintes, & en tous estats &
manieres qu'ils entédront eux combattre, soit à pié ou à cheual. Car s'ils
faifoient porter leursdites armeures
par aucuns autres, & portaffent leurs
visieres leuees fans nostre congé, ou
de leur iuge, ce leur porteroit tel pre-
iudice qu'ils seroient contrainéts de
combatre en tel estat qu'ils seroient
entrez ou champ, felon la coustume
de present. Et car cefte couftume
nous femble pour les combateurs au-
cunement eftre ennuyeufe : par nofdites lettres & chapitres de prefent
attrempons & voulons, & ordonnós
que lefdits combateurs puiffent par-

tir auxheures, môtez & armez comme dit eſt, les viſieres leuees, faiſant
porter deuant eux leurs eſcus & leurs
glaiues, & toutes autres armes raiſon-
nables de combatre en tel cas. Et tant
plus pour auoir cognoiſſance de vrais
Chreſtiens, partans de leurs hoſtels
de pas en pas, de leurs mains droites
ſe ſigneront, ou porterôt le Crucifix
ou bannerettes petites où ſerôt pour-
traits noſtre Seigneur & noſtre Dame, les Anges, ou Sainꞔts ou Sainꞔtes,
où ils auront leurs franches & deuo-
tions, deſquelles croix ou banerettes
ainſi que diꞔt eſt, iuſques à ce qu'ils
deſcendent dedans leurs pauillons ſe
ſigneront.

Cy ſ'enſuit la premiere des trois criez, &
les cinq deffenſes que le Roy d'armes
ou Heraut doit faire à tous
gaiges de bataille.

ET premierement ledit Roy d'armes ou heraut doit venir de cheual ſus la porte des lices, & là doit vne
ᴜois crier, auant que l'appellant vienne. Secondemét vne autre fois quád

G iiij

l'appellant & deffendant feront entrez, & auront faict au Iuge leurs pre-
fentations, & defcendus en leurs pauillons. Et tiercement, quand ils feront retournez de faire leurs derniers
fermens par là qui fenfuit, à haute
voix criant,

Or ouez, or ouez, or ouez Seigneurs
Cheualiers, & Efcuyers, & toutes manieres de gens que noftre Sire le Roy
de France vous commáde & deffend
fus peine de perdre corps & biens,
que nul ne foit armé, ne porte efpee,
ne dague, ne autre harnois quel qu'il
foit, fi ce ne font les gardes du champ,
& ceux qui par le Roy en aurót cógé.

Encores le Roy noftre Sire vous
cómande & deffend que nul de quelque condition qu'il foit, durát la bataille, ne foit à cheual, & ce fur peine
aux Gétilshommes de perdre le cheual, & aux feruiteurs de perdre l'oreil-
le, & ceux qui cognoiftront les com-
batus defcendus qu'ils foiét à la porte du champ, feront tenus incontinét
les renuoyer, fur la peine que dit eft.

Encores le Roy noftre Sire vous
commande & deffend que nulle per-

sonne de quelque côdition qu'il soit,
ne doit entrer ou champ, sinon ceux
qui pource y serôt depuis, ne ne soiét
sur les lices, à peine de perdre corps
& biens.

Encores le Roy nostre Sire vous
cômande & deffend à toute personne de quelque condition qu'il soit,
qu'il s'assie sur banc, ou par terre, afin
que chacun puisse veoir les parties
plus à son gré combatre, sur peine du
poing.

Encores le Roy nostre Sire vous
commáde & deffend que nul ne parle, ne signe, ne tousse, ne crache, ne
crie, ne face aucun semblát quel qu'il
soit, & sur peine du corps & des biés.

Comment l'appellant vient à cheual, armé
de toutes ses armes ou champ.

ITem & car par les anciennes coustumes de nostre Royaume de Fráce, l'appellát se doit presenter en cháp
premier & deuant l'heure de midy,
& le deffendeur deuát l'heure de nonne, & quiconques deffaut de l'heure,
il est tenu & iugé pour conuaincu, &

la mercy du Iuge ne s'y esté d, lesquelles constumes nous voulons & à present, que d'oresnauant se coustument
& vaillent. Neantmoins pour aucu-
nes bonnes raisons à ce nous esmou-
uans, lesdites ordonnances attrempons, & consentons que nous ou le
iuge puisse aduãcer ou tarder de iours
ou d'heures, selon les dispositions du
temps, ainsi que à tous Iuges plaira,
& les prendre en nos mains pour les
accorder, & ordonner à l'honneur &
biẽ de tous deux qui pourra, ou pour
donner autre iour, & heure, tant auãt
la bataille commencee comme en
combatãt pour parfaire leur bataille,
& en les remettant aux mesmes &
semblables poincts : sans ce que nul
ne s'en puisse iamais excuser, cõplain-
dre, defendre ne protester , comme
leurs Iuges competants.

Cy s'ensuit les requestes & protestations que
les deux parties doiuent faire à
l'entree du champ.

ET aux Mareschaux ou Mareschal
qui là se trouueront, ausquels l'ap-

pellant dira ou fera dire par son Aduocat les paroles qui s'ensuiuent, qui
est pour plusieurs causes le meilleur,
& puis celles qui dira ou fera dire par
son Aduocat, semblablement au Iuge, quand il sera tout à cheual entré
dedans, & premier celle de l'entrée
du champ.

Mon treshonnoré Seigneur, Monsieur le Connestable, ou Monsieur le
Mareschal du champ, ie suis tel, ou,
voyez cy tel, lequel pardeuant vous,
côme celuy qui estes ordôné de par
nostre Sire le Roy, qui se vient presenter armé & monté comme gentil-
homme qui doibt entrer pour combatre contre tel, sur telle querelle
comme faulx & mauuais traistre ou
meurdrier comme il est, Et de ce ie
prens nostre Seigneur nostre Dame
& Monsieur Sainct George le bon
cheualier à telmoing à ceste iournée.
A eux par le Roy nostre Sire assignée, & pource accomplir est venu
& se presente pour faire son vray deuoir, & vous requiert que luy liures
& despartes sa portion du champ, du
vent du Soleil, & de tout ce qui est

neceſſaire, profitable & cõuenable à
tel cas. Et ce faiɕt il fera ſon vray deuoir à laide de Dieu, & noſtre Dame
& de Monſeigneur Sainɕt George le
bon Cheualier, comme diɕt eſt, Et
proteſte qu'il puiſſe combatre à cheual ou à pied, ainſi que mieulx luy
ſemblera, Et de ſoy armer ou de ſes
armes ou deſarmé & porter celles
qu'il voudra tãt pour offendre cõme
defendre à ſon plaiſir auant cõbatre,
ou en combatant ſe Dieu luy donne
loiſir de ce faire.

Item que ſi ſon ennemy tel ou aduerſe, portoit aultres armes ou chãp
qui nedeuoit porter par la conſtitution de France, que icelles luy ſoient
oſtées, & que en lieu d'icelles nulles
aultres n'ayt ny puiſſe auoir.

Item que ſi ſon ennemy auoit armes forgées par mauuais art & buefs,
charois, ſors, ou inuocations de den-
neaux, parquoy il en fuſt cogneu ma-
nifeſtement, que ſon bon droiɕt luy
fuſt empeſché, auant la bataille, combatant ou apres que ſon droiɕt, bon
droiɕt & honneur n'en puiſt eſtre a-
mendry, ains ſoit le faulx & mau-

uais puny comme ennemy de Dieu, traitre & meurtrier selon la conditiõ du cas, & doibt requerir que surce il doye specialement iurer.

Item doit requerir & protester que si le plaisir de Dieu ne fust que au Soleil couchant il desconfi, & outré son ennemy, laquelle chose il entend à faire si à Dieu plaist, neaumoins peult requerir qui luy soit donné du iour autant comme il en seroit passé selon les droicts & antiennes coustumes, ou aultrement peult protester s'il n'a l'espace d'vn iour tout au long, lequel luy nous luy deuons consentir & octroyer.

Item que en cas que le tel son aduersaire ne seroit venu dedans l'heure deuë, & par le Roy nostre Sire assignée qui ne soit plus receu, mais soit tenu pour reprouué & conuaincu, laquelle requeste est & sera la nostre liberté. Neaumoings que s'il tardoit sans nostre volonté qu'il soit comme dict est.

Item doit demander & expresse-ment protester qu'il puisse porter auecques luy pain, vin, & autres vian-

des pour manger & boire l'espace
d'vn iour se besoin luy en estoit, &
toutes autres choses à luy conuenables & necessaires en tel cas, tant pour
luy comme pour son cheual, desquelles protestations & requestes tant en
general comme en special il doit demander instrument, lesquelles requestes & protestations, voulons & ordonnons que l'appellé ou defendant
puisse semblablement faire, & par la
forme que dicte est, lesquelles requestes ou protestations s'ils ne leur sont
en special defendues, voulons & ordonnons qu'ils puissent combatre à
cheual, & à pié armez chascun à sa
volonté de tous bastons & arnois, de
mauuais engin, charmes, charrois, &
inuocations d'ennemys, & toutes autres semblables choses defendues, selon Dieu & Saincte Eglise à tous bõs
Chrestiens.

*Comment les lices & les chaffaulx du
champ sont, le siege de la Croix, & le
Te igitur auecques les pauillons des parties.*

ITem nous voulons & ordonnons
que toutes lices de gaige de bataille ayent six vingt pas de tour, c'est assauoir xl. pas de large & quatre vingt
de long : lesquelles tous les iuges seront tenus de faire, & les retenir pour
les autres s'il en venoit.

Comment la partie est à cheual, entre ou
champ deuant le Iuge, & par
escript son cas.

ITem voulons & ordonnons que le
siege & le pauillon de l'appellant
quiconques il soit, sera à nostre main
dextre ou de son Iuge, & celuy du defendant sera à la senestre.

Item, & quand vn chascun d'eux
auront ou par leur Aduocat faict dire
les choses dessusdictes, ains qu'ils entrent ou champ, doiuent baisser leurs
visieres. Et entrer les visieres baissees
faisant le signe de la Croix, tout ainsi
que dict est. Et en celuy estat doiuent
venir deuant les eschaffaux où leur
iuge sera qui leur fera leuer les visieres. Et si le Roy est present, doibt dire, Tres-excellent & tres-puissant Prin-

ce, & noſtre Souuerain Seigneur, ie
ſuis tel, qui en voſtre preſence, comme à noſtre droiƈturier Seigneur &
Iuge: & s'il eſt autre que le Roy, dira,
Mon treſredoubté Seigneur ie ſuis
tel qui en voſtre preſence comme à
noſtre Iuge competant ſuis venu au
iour & heure par vous à moy aſſignee
pour faire mon deuoir contre le tel, à
cauſe de meurtre ou trahiſon qu'il a
faiƈte, & de ce i'en prens Dieu de ma
part qui me ſera au iourd'huy en aide,
& quād il aura ce diƈt, ou au plus pres
qui pourra par Conſeillers, luy ſera
baillé vn eſcript qui contiendra les
paroles deſſuſdiƈtes, leſquelles de ſa
propre main il baillera au Mareſchal
qui les receeura. Et ce faiƈt nous luy
donnerons congé d'aller deſcendre
en ſon pauilhon, & s'il eſtoit veu que
les paroles deſſuſdiƈtes il ne ſçeut dire, voulons & ordonnons que ſoient
en office d'Aduocat.

Item apres tout ce le Roy d'armes
ou herault, doibt monter ſur la porte
des lices & faire ſon ſecond cry Et v.
defenſe par la forme & maniere que
diƈt eſt.

Cj

Cy apres s'ensuiuēt les sermēs que sont tenus de faire ceux qui veulent combattre en gaige de bataille.

ITEM premier vient l'appellant sa
visiere hauffee tout à pié, partant de
son pauillon. Adonques les gardes &
conseil ce il armé de toutes ses armes
& de sa tenicle dessus. Et quand il est
soubs l'eschaffaux ou leur Iuge est, se
mettra à genoux deuant vn siege ri-
chemēt paré le plus que l'on pourra,
où sera la figure de nostre vray Sau-
ueur Dieu Iesus Christ en croix couché dessus en, Et à sa dextre sera prestre ou Religieux qui luy dira par la
maniere qui s'ensuit. Sus Cheualier
ou Escuyer, ou Seigneur de tel lieu,
qui icy appellant vous voyez icy la
tres-uraye remembrance de nostre
Saueur vray Dieu Iesus Christ qui
mourir veut & liurē son tresprecieux
corps à mort pour nous sauuer. Sy
luy requeres mercy & luy pries, que
à ce iour vous veuilles aider selon que
droict auez, car il est souuerain Iuge,
souuienne vous des sermés que vous
feres où autrement vostre ame vostre

honneur & vous estes en peril. Alors
le Mareschal finies les paroles prent
l'appellant par ses deux mains à tout
les gantelets. Et met la droicte main
sur celle croix, & la senestre sur le To
igitur, & puis luy dict, Vous tel, dictes
comme moy, & il luy dict, se il à bon
droict, ou se il se veult pariurer, &
lors le Mareschal dict, Ie tel appellant,
iure sur ceste remembrance de la passion de nostre Saulueur Dieu Iesus
Christ. Et sur les Sainctes Euangiles
qui cy sont, & sur la foy de vray Chrestien, & du Sainct Baptesme, que ie
tiens de Dieu, que i'ay certainement
bonne, iuste & saincte querelle, &
bon droict d'auoir en ce gaige de bataille appellé le tel, comme faulx &
mauuais traistre ou meurtrier ou foy
mentre selon le cas qu'il est, & lequel
a tresfaulse & mauuaise querelle de
soy en defendre, ce luy monstreray-ie
auiourd'huy par mon corps, contre
le sien, à l'aide de Dieu & de nostre
Dame, & de mõseigneur sainct George le bon Cheualier. Lequel serment
faict, ledit appellant se leue & s'en retourne en son pauillõ auecques ceux

qui l'ont conduit.

Comment le deffendant fait premier ser-
ment deuant le Iuge.

EN apres les gardes vont au pauil-
lon du defendant, lequel ils men-
nent pour faire le serment en la for-
me deffufdite, auecques les Confeil-
lers, armé de toutes fes armes, & le
furplus comme dit eft, & le Preftre l'a
bien amoneté : le Marefchal apres
tout ce fait, prend fes deux mains à
tout le gantelets, & les met ainfi qu'il
a fait à celles de l'appellát, & puis luy
dit; Vous tel, ou feigneur de tel lieu,
dites commes moy, & il luy dict s'il a
bon droict, ou fe il fe veut pariurer, &
lors il dict : I'ay tel, deffendeur, iure
fur cefte remembrance de la Paffion
de noftre Seigneur Dieu Iefus Chrift,
& fur les fainctes Euangiles qui cy
font, & fur la foy de vray Chreftien,
& du fainct Baptefme que ie tiens de
Dieu, que i'ay & cuide fermement a-
uoir pour certain, bonne, faincte, &
iufte querelle, & bon droict de moy
deffendre par ce gaige de bataille,

H ij

contre tel, qui fauſſement & mauuai-
ſemét m'a accuſé, côme faux, & mauuais qu'il eſt de moy auoir appellé, &
ſi luy môſtrerai-ie aujourd'huy de mô
corps contre le ſien, à l'aide de Dieu
& de noſtre Dame, & de môſeigneur
ſainét George le bon Cheualier. Lequel ſerment faiét, ledit deffendant ſe
leue & ſ'en retourne en ſon pauillon,
ainſi que l'appellant.

Item au ſecond ſerment viendront
les deux parties l'vne apres l'autre,
qui ſemblablement iureront comme
eſt deſſuſdit pour abreger.

Comment les deux parties font leurs ſer-
mens deuant le Iuge.

ITEM au tiers ſerment, & les gardes ſe departirót autant de l'vne part
comme de l'autre, & viendront aux
deux parties, & les meneront accom-
pagnez de leurs Conſeillers, ainſi côme dit eſt, leſquéls viendront pas à
pas, & per à per: & quand ſeront de
genoux deuant la Croix, & le Te igitur, le Mareſchal prendra leurs mains
droiétes, & leur oſtera les gantelets,

lſquels il mettra ſur les deux bras de
la Croix, & lors doit eſtre le Preſtre
preſent pour leur ramenteuoir la paſ-
ſion de noſtre Seigneur Dieu, Ieſus
Chriſt, la perdition de celuy qui aura
tort en ame & en corps, aux grands
ſermens qu'ils ont faicts, & feront la
ſentence de Dieu, qui eſt pour aider à
bon droict, les conforrât d'eux mettre pluſtoſt à la mercy du Prince que
en l'aire de Dieu & pouuoir de l'ennemy. Lequel ſerment nous ordonnons que ce ſoit le dernier des trois
pour la mortelle haine qui eſt entre
eux, ſpecialement quãd ils s'entre-
uerront & ſ'entretiendront par les
mains. Alors le Mareſchal luy demã-
de, & premier à l'appellant, Vous tel,
comme appellant, vueillez vous iurer, & s'il ſe repent & fait conſcience,
comme bon Chreſtien, Nous le rete-
nons à noſtre mercy, ou de ſon Iuge
deuant qu'il ait cõbatu pour luy donner penitence, ou ordonner à noſtre
plaiſir. Dont ſe ainſi eſt, nous ordonnons qu'ils ſoient ramenez en leurs
pauillons, & de la ne partent iuſques
à noſtre commandement, ou du Iu-

ge deuant qu'ils soient venus, & s'il
veult iurer & dire que ouy, alors le
Mareschal demande au defendant
semblablement, & puis retourne à
l'appellant, & dict qu'il die comme
luy. Ie tel appellát iure sur ceste vraye
figure de la passion de nostre Seigneur Dieu Iesus-Christ, & sur les
sainctes Euangiles qui cy sont, sur la
foy de Baptesme comme Chrestien
que ie tiens sur mon vray Dieu, sur les
tressouueraines ioyes de Paradis, lesquelles ie renonce pour les tresan-
goisseuses peines d'enfer, sur mon a-
me, sur ma vie, & sur mon honneur,
que i'ay bonne, iuste, & saincte querelle de combatre ce faulx & mauuais
traistre meurtrier, pariure & foymen-
cie, le tel, que ie le voy cy-deuant
moy, & de ce i'en appelle Dieu à mon
vray Iuge, nostre Dame, & Monseigneur sainct George le bon Cheuallier. Et pource loyaumét par les sermens que i'ay faicts ie n'entens porter sur moy, ne sur moy, ne sur mon
cheual, paroles, pierres, herbes, charmes, charois, ne compations, inuocations d'ennemys, ne nulle autre cho-

se, ou i'ay esperance qu'il me puisse
ayder, ne à luy nuire, ne n'ay recors,
fors que en Dieu, & en mon bon
droict par mon corps, par cheual, &
par mes armes. Surce te baise ceste
vraye croix, & les sainctes Euangiles,
& me taiz. Apres les sermens faicts
ledict Mareschal se traict vers le defendant, & pour abreger l'vn & l'autre, dient ainsi que dict est.

Et quand le defendant a baisé le
crucifix & le T e igitur pour plus cla-
rifier le droict à qui l'a, le Mareschal
les prent par les deux mains droictes,
& les faict entretenir. Lors il dict à
l'appellant qui die apres luy en parlát
à son ennemy, ou tu tel que ie tiens
par la main droicte, par les sermens
que i'ay faicts. La cause ie t'ay appellé
est vraye, parquoy i'ay bonne cause
& loyalle de toy appeller, & à ce iour
t'en combatray, & tu as mauuaise
cause & nulle querelle de t'en combattre & defendre contre moy. & tu
le scais bien, dont i'en appelle Dieu &
Monseigneur sainct George le bon
Cheualier à tesmoing comme faux
traistre meurtrier que tu és.

H iiij

Response serment de l'appellant.

APres ce, le Mareschal dict au defendant qui die comme luy en parlant à l'appellant, o tu tel, que ie tiens par la droicte main par les sermens que ie fais, la cause pourquoy tu m'as appellé est faulse & mauuaise, parquoy i'ay bonne & loyalle cause de m'en deffendre, & me combatre contre toy à ce iour. Car tu as mauuaise cause & nulle querelle de m'en auoir appellé, & combatre contre moy, & tu le sçais, dont & de ce l'en appelle Dieu nostre Dame, & Monseigneur sainct George à tesmoing, comme faulx & mauuais que tu es, & apres les sermens tous faicts & les paroles dictes, ils doiuent rebaiser le crucifix, & puis chascun ensemble per à per eulx leuer & retourner en leurs pauillons pour faire leurs deuoirs: Et le Prestre alors prêt la croix, & le Te igitur, & le siege surquoy estoient, se boute hors & puis s'en va, & le Roy d'armes ou herault apres tout ce faict la forme que dict est

Le dernier des trois cries,

I r i m apres ce que le Roy d'armes
ou heraut aura crié, & que chafcun
fera affis & ordonné fans dire mot.
Et que les parties feront toutes en
poinct, pour faire leurs deuoirs. A-
lors par le commandement du Marefchal viendra ledict Roy d'armes
ou herault au milieu des lices par
trois fois crier faictes vos deuoirs, &
apres ces parolles les deux côbateurs
fauldront de leurs pauillons fur leurs
efcabeaux pour monter qui vouldra
fur leurs cheuaulx qui feront là tous
pretz, & leurs baftôs à l'entour d'eux,
dequoy ils fe doiuent aider enuiron-
nez de leurs confeillers. Adoncques
fubitement leurs pauillons feront par
fus les lices gettez hors.

Comment les deux parties font hors des
pauillons pour faire leurs deuoirs à
la voix du Marefchal qui a
ietté le gant.

P r e s quand tout fera en poinct
le Marefchal qui fera ou milieu

du champ, foubs l'efchaffaulx portãt
le gaige en fa main, lequel en criãt
par trois fois, difant, laiffez les aller, &
fes paroles dites, il iette le gant, alors
monte preftement à cheual qui veult
& qui ne veult en gaige querelle foit
à fon bon plaifir, Alors leurs Con
feillers fans plus attendre fen partent,
& laiffét chafcun fa bouteillete pleine
de vin, en vne touaille du pain. Et face qui pourra.

Car quantes manieres gaige de bataille fe doibt oultrer, & comment
le vainqueur traye le perdãt dehors
du champ.

Item voulons & ordonnons que
gaige de bataille ne foit point oultre
fors en l'vne des deux manieres, c'eft
affauoir, quãd l'vne des deux parties
confeffe fa coulpe, & eft rendu: & la
feconde eft, quand l'vn met l'autre
hors des lices vif ou mort, dont mort
ou vif quel qu'il foit, le corps fera du
Iuge liuré au Marefchal pour le don
ner ou faire iuftice tout à noftre plaifir, & alors s'il eft vif, Ordónons qu'il
foit en eftat lieuue. Et par les Rois
d'armes ou herauts defarmez ou a-

mez, les efgueillettes couppees, &
tout fon harnois çà & là par les lices
ietté, & puis à terre couché, & fe il eft
mort, foit ainfi defarmé, & là laiffé iuf
ques à noftre ordonnance, qui fera
de pardonner ou faire iuftice, tout
ainfi que bon nous femblera, mais fes
pleges feront arreftez iufques à fatis-
faction de partie. Et le furplus de fes
biens à fes Princes confifquez.

Comment le vainqueur fe part des lices honnorablement.

ITEM voulons & ordonnõs que
le vainqueur honnorablement s'en
parte à cheual par la forme qu'il eft
venu, fil n'a exoine de fon corps portant le bafton dequoy il aura defcon-
fict fon aduerfaire, en fadroicte main,
& luy feront les pleges eftagiers deli-
urez, & que de cefte querelle pour
quelque information du contraire il
ne foit tenu de refpondre. Ne nul Iuge l'en puiffe plus contraindre s'il ne
veult. *Quia tranfiuit per rem iudicatam,
Et iudicatum inuiolabile obferuari.*
Item voulons & ordonnons que

le cheual comme il est, & les armes du
vaincu, & toutes autres qui sur luy &
pour luy sont venues, de droict soiét
au Connestable, Mareschaux ou Mareschal du camp, qui pource en aurôt
toute la garde.

Cy s'ensuit les ceremonies, ordonnances &
statuts de France qui s'appartient à
tous gaiges de bataille fait
par querelle.

OR faisons à Dieu priere qui garde le droict à qui l'a, & que chacun bon Chrestien defede d'en choir
en tel peril. Car entre tous les perils
qui sont, c'est celuy que on doibt plus
craindre & doubter, dont maint noble s'en est trouué deceu, ayant bon
droict ou non, par trop confier en
leurs engins, & en leurs forces, ou par
leurs ires, oultrecuidances : & aucu-
nesfois pour la honte du monde, dó-
nent ou reffusent paix ou conuenables partis, dont maintesfois ont,
puis porté des vieux pechez nouuelles penitences, en nonchalant le iugement de Dieu. Mais qui se plainct

& iustice ne trouue, là doibt Dieu requerir, & se l'interest sans orgueil ne
mal-talant pour son bon droict, re-
querre bataille, se doibt doubter, engin ne force, car le vray iuge sera
pour luy.

FIN.